중고등부 절대믿음 성경공부 시리즈 1

십대가 꼭 알아야 할
그리스도인의

KB202584

손승락 목사는
교회사역을 거쳐서
현재는 영신여자고등학교 교목실장으로
학원사역을 통한 청소년 사역을 감당하면서,
한국중·고등학생선교회의 디렉터를 맡아
중·고등학생 전문사역자로, 중·고등부 성경공부
교재와 매일묵상기도집 등을 저술하는 작가로,
활발히 활동하고 있습니다.

중·고등학생용 365 매일묵상기도집으로는
『365일 기도하는 다윗』(도서출판 요셉의 꿈)
『솔로몬 매일 기도집』(도서출판 요셉의 꿈)
『위대한 사람을 만드시는 하나님』(도서출판 요셉의 꿈) 등을.

중·고등부성경공부교재로는
『십대문화 예수생각 1~3』(베드로서원)
『예수쟁이 십대』1~12(베드로서원)
『비전 바루기』1, 2(생명의 말씀사)
『코뿔소 십대』1~3(도서출판 처음)
『말씀을 꽃피우는 십대』1~4(도서출판 처음)
『예수사랑 십대천사』1~3(도서출판 처음) 등을.

단행본으로는
『꿈을 명(命) 받았습니다』(도서출판 요셉의 꿈) 등
총 500여권의 책을 저술했습니다.

십대가 꼭 알아야 할
그리스도인의

절대믿음

^ㄴ^

=:-()

:-○

:-D

^_^

^_+

"누구든지 이 산더러 들리어 바다에 던져지라 하며,
그 말하는 것이 이루어질 줄 믿고 마음에 의심하지 아니하면
그대로 되리라" (막 11:2)

ㅠ·ㅠ

-_-a

*^_^*

저자 손승락 목사

도서
출판 요셉의 꿈

머리말

세상이 감당하지 못하는 사람!

예수 그리스도께서 그런 분이셨던 것처럼, 그리스도의 사람도 그런 사람이어야 합니다. 성경에는 믿음으로 세상을 이긴 하나님의 사람들에 대한 이야기들이 많습니다. 그런데 요즘은 '세상이 감당하지 못하는 사람'이 아니라, '세상을 감당하지 못하는 사람'으로 사는 그리스도인들이 많습니다. 젊은 세대일수록 더욱 그렇습니다. 믿음이 약하기 때문입니다.

위대한 하나님의 사람들은 어떤 상황에서도 흔들리지 않는 믿음, 평생 동안 변하지 않는 한결같은 믿음, 부귀영화와도 바꾸지 않는 믿음, 어떤 권력으로도 굴복시킬 수 없던 믿음, 절대로 하나님으로부터 끊어놓을 수 없던 강력한 믿음을 가졌습니다. 이런 믿음을 '절대믿음'이라고 할 수 있습니다. 우리 그리스도인은 자신을 위해서 이런 절대믿음을 가져야 합니다. 한국교회의 미래를 위해서도 절대믿음을 가진 용사들을 길러내야만 합니다.

고난과 역경이 온다고 좌절하고 주저앉는 그리스도인들도 있습니다. 주를 향한 소망이 희미하기 때문입니다. 하나님을 향한 절대소망으로 극한의 고난과 역경을 견뎌낸 믿음의 영웅들을 배워야 합니다. 우리의 십대들이 '절대소망'의 그리스도인이 되도록 양육해야 합니다.

그리스도인들을 빛과 소금으로 칭송하던 한국사회가 이제는 반기독교적 정서를 보이고 있습니다. 한국의 그리스노인들과 교회가 그리스도의 사랑을 잃어버렸기 때문입니다. 그리스도인은 먼저 하나님의 '절대사랑'을 체험해야 합니다. 그리고 그 사랑으로 세상을 감싸 안아야 합니다. 그렇게 될 때 우리 한국사회가 교회와 그리스도인들을 인정하게 될 것이고, 한국교회는 다시 부흥하게 될 것입니다.

믿음·소망·사랑, 이 세 가지는 기독교의 핵심 덕목입니다. 온전한 그리스도인은 이 세 가지 덕목을 갖추어야 합니다. 한국교회의 미래를 짊어질 오늘의 십대를 이런 그리스도인으로 양육하기 위한 성경공부교재가 꼭 필요합니다. 이 성경공부교재는 이런 목적을 위해서 개발되었습니다.

〈십대가 꼭 알아야 할 그리스도인의 절대믿음〉, 〈십대가 꼭 알아야 할 하나님의 절대사랑〉, 〈십대가 꼭 알아야 할 하나님을 향한 절대소망〉, 이 세 권의 절대믿음 성경공부 시리즈가 한국교회의 십대들을 강하고 온전한 그리스도인으로 양육하는 유용한 도구가 되기를 소망합니다.

하나님께 감사와 영광을 올립니다.

2012년 12월
학원선교현장에서 손승락 목사

교재의 성격

기적의 선교현장!

한국교회는 세계기독교역사에서 기적의 선교현장으로 평가받습니다. 선교 120여년 만에 1000만 성도, 전 국민의 20%가 그리스도인이 되었기 때문입니다.

여기 또 다른 기적의 선교현장이 있습니다. 3년 만에 30%의 기독교인 증가율을 보이는 곳, 미션스쿨인 우리학교 학원선교의 현장입니다.

저는 학원선교의 야전사령관인 교목실장으로 16년째 학원선교의 책임을 맡아 사역하고 있습니다. 우리 학교에서는 입학 때 35% 정도의 기독교인 비율이 졸업 때에는 65~70% 정도로 증가하고 있습니다. 3년 동안에 30%의 학생들이 복음을 받아들이고 그리스도인이 되는 것입니다. 모두 하나님의 능력으로 되는 일이지만 정말 놀라운 일이고 감사한 일입니다.

그렇다면 우리학교의 어떤 요인이 남다른 선교효과를 가져오는 것일까요? 무엇보다도 가장 큰 효과를 가져다주는 것은 예배입니다. 입학 후 기독교 신앙을 갖게 된 학생들의 90%가 예배의 영향임이 통계로 확인됩니다. 실제로 우리학교 학생들은 예배를 좋아합니다. 심지어는 다른 종교를 가지고 있는 학생들조차도 "예배드리는 것이 좋다!"고 말합니다. 학생들이 예배를 좋아하는 가장 핵심적인 요인은 설교입니다.

저는 십대들의 눈높이에 맞추어 파워포인트 설교를 합니다. 그러나 그보다 더 중요하게 생각하는 것은 감동을 주는 설교입니다. 그 감동을 위해 저는 주로 '스토리텔링(Storytelling)' 방식의 설교를 합니다. 먼저 '세상 이야기', 지금 세상에서 실제로 일어나는 이야기로 설교를 시작합니다. 성경 주제에 맞는 이상하고, 신기하고, 재미있고, 슬프고, 안타깝고, 화나고, 눈물이 나는 이야기들로 마음을 움직입니다. 그리고 그 감동의 지점에서 성경의 이야기(Bible Storytelling)를 시작합니다. 세상에서 일어나는 이야기를 성경 속에 있는 똑같은 이야기로 해석하고 신앙적 대안을 제시해 줍니다. 그러면 학생들은 자기도 모르는 사이에 자연스럽게 성경적으로 세상을 보고 이해하는 방법을 체득하게 됩니다. 약을 쓴 채로 먹이지 않고 당의정(사탕옷을 입힌 알약)으로 만들어 먹이는 것과 같은 원리입니다.

이 교재도 이런 방식으로 썼습니다. 요즘 학생들에게 효과적이고 검증된 방식으로 성경공부를 할 수 있도록 하기 위해서 입니다. 현실과 동떨어진 지루한 성경공부 시간이 아니라 관심을 가질 수 있고, 실제 생활에 적용할 수 있는 성경공부를 할 수 있는 교재입니다. 교회의 중·고등부 학생들은 이런 당의정 방식의 성경공부가 가장 효과적일 수 있습니다.

교재의 활용

첫째, **성경말씀**은 그 과의 주제가 되는 성경말씀입니다. 가급적 성경을 찾아서 읽습니다.

둘째, **사람의 냄새**는 그 과의 주제를 담고 있는 세상의 이야기들입니다. 이 부분을 읽거나 얘기를 해주고, 〈나는요, 이렇게 생각해요〉 부분에서, 이런 경우에 자신이 취하고 있는 태도에 대해서 함께 나누면 좋습니다.

셋째, **예수의 향기**는, 앞서 생각한 사례와 비슷한 성경 인물들의 이야기입니다. 성경이야기를 구체적으로 살펴보면서, 성경인물들이 취한 태도에서 신앙적인 자세와 문제해결방식을 배우게 됩니다. 〈나는요, 이런 걸 생각했어요.〉 부분에서 성경에서 배운 것들을 함께 나눕니다.

넷째, **마음에 새기는 말씀**은 성경을 찾아 빈 칸을 채우면서(빈칸에 들어가는 단어가 키워드임) 말씀을 마음에 새기는 부분입니다. 그 말씀이 좋은 밭에 뿌려진 씨앗처럼 우리들의 마음에서 잘 자라고 많은 열매가 맺기를 소망합니다.

다섯째, **자신을 위한 기도**는 선생님이 참고하면서 기도해주어도 되고, 학생이 읽으면서 기도를 해도 됩니다. 오늘 배운 말씀을 생활 속에서 실천할 수 있기를 위한 기도이므로, 배운 말씀을 총정리 하는 동시에 믿음의 실천을 결단할 수 있도록 이끌어주세요.

이 교재를 활용해서 성경공부를 하는 우리 십대들이 하나님을 향한 절대믿음에 서고, 우리들을 향한 하나님의 절대사랑에 붙들린바 되며, 믿음의 영웅들인 하나님의 사람들이 가졌던 절대소망을 가질 수 있기를 소망합니다.

절대믿음 CONTENTS

아담의 절대믿음

시^ 성경말씀 창세기 1 : 1

태초에 하나님이 천지를 창조하시니라.

:ㅓ 사람의 냄새 컴퓨터 운영체제와 세계관

박진영 씨는 힙팝가수로 활동했고, 작곡가로 활동했으며, 현재는 K-Pop을 대표하는 3대 회사인 JYP엔터테인먼트 대표를 하고 있습니다. 참으로 성공한 음악인이요 경영자입니다.

그는 자유로운 사람으로 살고 싶어했습니다. 처음에는 인간을 자유롭게 만들어 주는 것은 돈이라고 생각했습니다. 돈이 많이 있으면 모든 것을 할 수 있는 자유가 생긴다고 생각했습니다. 그는 천재적인 힙팝가수로 활동하면서 20대 중반에 그가 목표했던 20억 원의 돈을 모았습니다. 그러나 아직 인생의 자유를 얻을 수 없었습니다. 다음으로 그는 명예를 얻기를 원했고 그것을 이루었습니다. 그가 한국의 대중음악가로서 미국에 진출하여 빌보트 차트 10위 내의 곡을 여러 곡 작곡해내자 알아주고 찾아주는 유명인이 되었습니다. 그렇게 명예를 얻었지만 아직 그의 인생은 자유롭지 않았습니다. 그가 세 번째 추구한 것은 자선사업이었습니다. 다른 사람을 도와주는데서 많은 보람과 기쁨을 얻을 수 있었습니다. 그러나 그는 아직도 1%가 부족함을 느꼈습니다. 돈과 명예와 베풂을 가지고도 채워지지 않는 그것이 무엇인지를 찾으려 했습니다.

그는 생각했습니다. "각종 전자제품을 사면 사용설명서가 있다. 사용설명서를 잘 읽으면 그것을 자유롭게 사용할 수 있게 된다. 만약 '인간사용설명서'가 있다면 인생을 잘 살 수도 있고, 거기서 온전한 자유를 얻을 수 있을 것 같다. 인간사용설명서는 누가 가지고 있을까? 그것은 인간을 만든 절대자에게 있을 것이다. 인간의 창조자인 그 절대자를 만났을 때 비로소 100%의 인생의 자유와 만족을 얻을 수 있을 것이다."

이것은 박진영 씨가 TV프로그램 힐링캠프에서 고백한 내용입니다.

컴퓨터는 어떤 운영체제를 설치했느냐에 따라서 전혀 다르게 작동합니다. 스마트폰도 안드로이드나 iOS나 어떤 운영체제를 탑재한 스마트폰이냐에 따라서 서로 다른 서비스를 받게 됩니다. 사람도 마찬가지입니다. 어떤 세계관을 갖느냐에 따라서 매우 다른 생각과 가치관을 가지고 세상을 살게 됩니다. 사람의 생각, 가치관, 행동방식, 삶의 태도를 다르게 만드는 가장 대표적인 세계관은 창조론과 진화론입니다. 어떤 세계관을 가지느냐는 사람의 선택에 달려있지만, 어떤 세계관을 가지느냐에 따라서 전혀 다른 인생관을 가지고 살게 됩니다.

당신은 철저한 창조론자인가요?

-_-a 나는요, 이렇게 생각해요!

:-O 예수의 향기 창조주에 대한 믿음

하나님께서는 성경의 맨 앞에 "태초에 하나님이 천지를 창조하시니라."는 말씀을 기록해 놓으셨습니다. 하나님께서는 왜 이 문장을 성경의 맨 앞에 기록해 놓으셨을까요? 그것은 이 말씀이 성경 66권, 1189장, 31173절중에서 가장 중요한 말씀이기 때문입니다.

이 말씀은 세상과 우주 만물의 근원은 하나님의 창조에 있다는 것을 가르쳐주시기 위한 말씀입니다. 사람은 누구라도 "세상은 어떻게 만들어졌을까?" "사람은 어떻게 생겨났을까?" 하는 생각을 갖게 됩니다. 이 의문이 풀리지 않으면 존재의 의미, 인생의 목적, 삶의 방식을 결정할 수 없게 됩니다. 그렇기 때문에 이 물음은 인생의 가장 중요하고 큰 질문이라고 할 수 있습니다. 하나님께서는 바로 이 질문에 대한 대답으로 "태초에 하나님이 천지를 창조하시니라."는 말씀을 성경의 첫 부분에 선포해 놓으신 것입니다. 만물의 근원에 대해서 세상 모든 사람이 궁금해 한다는 것을 아시기 때문입니다. .

최초의 인류인 아담은 가장 분명한 창조론적 세계관을 가지고 산 사람입니다. 하나님께서 손으로 빚어 생기를 불어넣어주신 하나님의 창조를 경험했기 때문입니다. 그는 하나님의 말씀에 다 순종하지는 못했지만, 하나님의 존재 자체를 부정할 수는 없었습니다.

아담의 후손들에게도 창조론은 인류 보편적인 세계관이었습니다. 그러나 인류 역사가 흐르면서 하나님을 잊고 사는 사람들이 많아졌습니다. 이들에 의해서 창세기의 창조론은 또다른 창조설화가 되기도 했습니다.

아담으로부터 내려오던 창조론은 구약성경과 함께 히브리인들이 가졌던 세계관으로 좁혀졌었습니다. 그러니 예수님 이후에, 그리스도교가 세계로 퍼져나가면서 창조론적 세계관도 힘께 세계로 퍼져갔습니다. 그러나 근대 이후 다윈의 진화론을 과학적 진리로 받아들이고, 창조론은 중세와 더불어 청산의 대상으로 거부하는 사람들이 많아졌습니다. 그러나 현대에 와서는 진화론의 과학성이 부정되면서, 사람들은 창조론과 진화론을 선택적으로 받아들이고 있습니다. 당신은 창조론자인가요, 진화론자인가요? 성경을 믿는 그리스도인으로서 철저한 진화론자가 되는 것은 어려운 일입니다.

진화론을 믿는 사람은 '자신의, 자신에 의한, 자신을 위한' 인생을 살게 됩니다. 그러나 창조론을 믿는 사람은 '하나님의, 하나님에 의한, 하나님을 위한' 인생을 삽니다. 하나님의 창조에 대한 절대 믿음을 가진 사람만이 하나님께서 원하시는 인생을 살 수 있습니다. 하나님의 능력을 체험하며 승리하는 인생을 살 수 있습니다.

~(~'_') 주님! 저도 이렇게 살도록 노력할게요.

:-) 마음에 새기는 말씀

창세기 5 : 1~2 / 사람은 하나님의 창조물

이것은 아담의 계보를 적은 책이니라. 하나님이 [   ]을 창조하실 때에 하나님의 모양대로 지으시되 남자와 여자를 창조하셨고, 그들이 창조되던 날에 하나님이 그들에게 복을 주시고 그들의 이름을 '[   ]'이라 일컬으셨더라.

전도서 12 : 1~2 / 사람이 기억해야 할 것

너는 [   ]의 때에 너의 [   ]를 기억하라. 곧 곤고한 날이 이르기 전에, 나는 아무 낙이 없다고 할 해들이 가깝기 전에, 해와 빛과 달과 별들이 어둡기 전에, 비 뒤에 구름이 다시 일어나기 전에 그리하라.

이사야 45 : 7~10 / 창조주와 피조물의 관계

나는 빛도 짓고 어둠도 창조하며 나는 평안도 짓고 환난도 창조하나니 나는 [   ]라. 이 모든 일들을 행하는 자니라 하였노라. 하늘이여, 위로부터 공의를 뿌리며, 구름이여, 의를 부을지어다. 땅이여, 열려서 구원을 싹트게 하고 공의도 함께 움돋게 할지어다. 나 여호와가 이 일을 창조하였느니라. 질그릇 조각 중 한 조각 같은 자가 자기를 지으신 이와 더불어 다툴진대 화 있을진저! [   ]이 [   ]에게 '너는 무엇을 만드느냐?' 또는 네가 만든 것이 '그는 손이 없다' 말할 수 있겠느냐? 아버지에게는 '무엇을 낳았소?' 하고 묻고, 어머니에게는 '무엇을 낳으려고 해산의 수고를 하였소?' 하고 묻는 자는 화 있을진저!

6(^_^) 자신을 위한 기도

할렐루야!
창조의 주인이 되시는 하나님을 찬양합니다. 세상과 세상의 모든 존재를 창조하신 하나님의 지혜와 능력을 찬양합니다. 내 마음과 생각과 생활과 인생에서 없음은 있음으로, 어둠은 빛으로, 약함은 강함으로, 병든 것은 건강함으로, 절망은 희망으로, 작고 좁고 낮은 것은 크고 넓고 높은 것으로 바꾸어주세요. 창조주 하나님을 분명히 믿으면서, 하나님이 원하시는 인생을 살도록 도와주세요. 예수님 이름으로 기도합니다. – 아멘.

절대믿음2 에녹의 절대믿음

🔊 **성경말씀** 창세기 5 : 21∼24

에녹은 육십오 세에 므두셀라를 낳았고, 므두셀라를 낳은 후 삼백 년을 하나님과 동행하며 자녀들을 낳았으며, 그는 삼백육십오 세를 살았더라. 에녹이 하나님과 동행하더니, 하나님이 그를 데려가시므로 세상에 있지 아니하였더라.

🙂 사람의 냄새 버킷 리스트

카터 체임버스는 갑작스레 찾아온 악성 뇌종양으로 병원에 입원했습니다. 병원에서 어느 날, 대학 신입생이던 시절 철학교수가 했던 말이 생각났습니다. 그는 강의시간에 학생들에게 죽기 전에 꼭 하고 싶은 일, 보고 싶은 것들을 적은 '버킷 리스트(Bucket List)'를 만들라고 했었습니다. 하지만 46년이 지나 모든 꿈을 접고 자동차 정비사가 되어있는 그에게 '버킷 리스트'는 이제 잃어버린 꿈의 쓸쓸한 추억일 뿐입니다.

재벌 사업가인 에드워드 콜은 돈이 안 되는 것들에는 관심이 없는 사람입니다. 돈을 벌고 사업체를 늘리기 위해 바쁘게 살던 그는 인수합병이나 고급 커피 외에는 아무 것에도 관심이 없는 사람이었습니다. 그러던 어느 날 에드워드는 악성 뇌종양으로 병원에 입원을 하게 됩니다. 그는 '병원은 스파가 아니기 때문에 예외 없이 2인 1실이어야 한다'라는 자신의 철칙 때문에 두 사람이 함께 쓰는 병실에 입원을 합니다.

그렇게 우연히 에드워드와 카터가 같은 병실에서 만나게 됩니다. 두 사람은 너무나 다르지만 서로에게서 중요한 두 가지 공통점을 발견하게 됩니다. 첫째는 나는 누구인가 돌아보고 정리할 필요가 있다는 것, 둘째는 남은 시간 동안 하고 싶던 일을 해야겠다는 것입니다. 그래서 카터와 에드워드는 함께 버킷 리스트를 만들었습

니다. 세렝게티에서 호랑이 사냥하기, 장엄한 풍경 보기, 영구 문신 새기기, 무스탕
셀비로 카레이싱하기, 스카이 다이빙하기, 눈물 날 때까지 웃어 보기, 모르는 사람
을 도와주기, 세상에서 가장 아름다운 소녀와 키스하기, 딸과 다시 연락하기, 화장
한 재를 통에 담아 경관 좋은 곳에 두기, 로마와 홍콩 여행하기, 피라미드와 타지마
할묘 보기, 오토바이로 만리장성 질주하기 등등.

두 사람은 의사의 만류에도 불구하고, 병원을 뛰쳐나가서 '리스트'를 행동으로
옮기는 동행을 시작합니다. 함께 만든 리스트를 들고 열정적인 모험을 시작합니다.
광대하고 아름다운 세상 속에서, 그들은 목록을 지워나가기도 하고 더해 가기도 하
면서 어려운 문제들을 함께 해결해 갑니다. 그러면서 두 사람은 진정한 우정을 나
누게 되고 웃음, 통찰, 감동까지도 공유하게 됩니다.

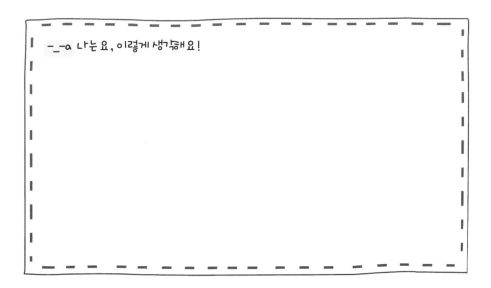

-_-a 나는요, 이렇게 생각해요!

　사람들은 자기와 다른 사람들과는 잘 어울리려고 하지 않습니다. 부자가 가난한 사람과 함께 하려고 하지 않고, 높은 사람이 낮은 사람들과 함께 어울리려 하지 않습니다. 그런데 신께서, 그것도 신 중에서도 최고의 신이신 여호와 하나님께서 사람과 함께 해주신다는 것은 참으로 놀라운 은혜가 아닐 수 없습니다. 이렇게 하나님께서 함께 해주시겠다고 하는데도 하나님과 함께 하지 않으려는 사람들이 많습니다. 참으로 어리석기 짝이 없는 일입니다.

　하나님께서는 하나님과 동행하는 사람을 좋아하십니다. 하나님과 300년 동안 동행한 사람 에녹을 죽음 없이 하늘로 데리고 가셨습니다. 하나님께서는 지금도 에녹처럼 하나님과 동행하는 사람을 기뻐하십니다. 하나님과 함께 느끼고, 하나님과 함께 생각하고, 하나님과 함께 행동하고, 하나님과 함께 일하는 사람을 특별히 사랑해주십니다.

　에녹은 어떤 계기로 하나님과 동행했을까요? 성경은 그가 65세에 므두셀라라는 아들을 낳고 난 후부터 하나님과 동행했다고 말씀하고 있습니다. 그렇다면 에녹은 왜 므두셀라를 낳고 나서 하나님과 동행하기 시작한 것일까요? 그것은 므두셀라라는 이름을 통해서 알 수 있습니다. '므두셀라'는 '창을 던지는 사람'이라는 뜻인데, 고대 근동 지역에서 마을 입구에 창 던지는 사람(므두셀라)를 세워놓고 마을을 지키게 했답니다. 그가 적에게 죽임을 당하게 되면 마을 전체가 망하게 되는 아주 중요한 사람이었답니다.

　그렇다면 에녹은 왜 자기의 아들에게 므두셀라라는 이름을 붙인 것일까요? 그것은, 그 아들이 죽을 때에 세상의 종말이 온다는 예언을 담기 위해서입니다. 에녹은 하나님으로부터 세상 종말에 대한 계시를 받았고, 그 종말이 지기기 낳은 아들이 죽을 때라는 깃을 계시로 받았던 것입니다. 에녹은 세상 종말에 대한 예언이 담긴 자기 아들과 함께 살았기 때문에 하나님, 하나님의 뜻, 경건한 삶, 종말, 심판 등을 생각하며 살 수밖에 없었습니다. 에녹이 온전히 하나님과 동행할 수 있었던 것은 '므두셀라'를 곁에 두고 보면서 살았기 때문입니다. 에녹의 종말에 대한 뚜렷한 의식이 절대믿음을 갖게 했고, 온전히 하나님과 동행하는 삶을 살게 했던 것입니다.

　우리도 에녹처럼 '므두셀라'(세상 종말, 죽음, 하나님, 심판)를 기억하면서 살 수 있어야 합니다. 인생의 종말에 대하여 의식하며 사는 절대믿음이 하나님과 온전히 동행할 수 있는 비결입니다.

~(~'_`) 주님! 저도 이렇게 살도록 노력할게요.

미가 6 : 6~8 / 하나님이 기뻐하시는 동행

내가 무엇을 가지고 여호와 앞에 나아가며 높으신 하나님께 경배할까? 내가 번제물 일 년 된 송아지를 가지고 그 앞에 나아갈까? 여호와께서 천천의 숫양이나 만만의 강수 같은 기름을 기뻐하실까? 내 허물을 위하여 내 맏아들을, 내 영혼의 죄를 인하여 내 몸의 열매를 드릴까? 사람아 주께서 선한 것이 무엇임을 네게 보이셨나니, 여호와께서 네게 구하시는 것이 오직 공의를 행하며 인자를 사랑하며 ▢▢히 네 ▢▢▢▢과 ▢▢▢ 행하는 것이 아니냐?

베드로전서 4 : 17~19 / 하나님의 심판을 생각하면 동행하지 않을 수 없다

하나님 집에서 ▢▢을 시작할 때가 되었나니 만일 우리에게 먼저 하면 하나님의 복음을 순종치 아니하는 자들의 그 마지막이 어떠하며, 또 의인이 겨우 구원을 얻으면 경건치 아니한 자와 죄인이 어디 서리요? 그러므로 하나님의 뜻대로 고난을 받는 자들은 또한 선을 행하는 가운데 그 영혼을 미쁘신 ▢▢▢▢께 부탁할지어다.

로마서 12 : 2 / 하나님과 동행하는 방법

너희는 이 ▢▢▢를 본받지 말고 오직 마음을 새롭게 함으로 변화를 받아 하나님의 ▢ 하시고 ▢▢ 하시고 ▢▢ 하신 ▢이 무엇인지 분별하도록 하라

6(^_^) 자신을 위한 기도

하나님 아버지!

부족한 저와 동행하여 주시는 것을 감사드립니다. 이것은 너무나 감사한 일인데도 하나님과 동행하는 것을 불편해 하고, 부담스러워 했던 저를 용서해주세요. 또한 제가 하나님께서 동행하고 싶어 하지 않는 사람, 동행하기 부담스러운 사람, 도저히 동행할 수 없는 사람이 될까 두렵습니다. 하나님께서 기쁨으로 동행할 수 있는 사람이 되게 도와주세요. 어떤 상황에서도 하나님과 동행하는 절대믿음을 주세요. 예수님 이름으로 기도합니다. – 아멘.

성경말씀 창세기 12 : 4~5

이에 아브람이 여호와의 말씀을 따라갔고 롯도 그와 함께 갔으며 아브람이 하란을 떠날 때에 칠십오 세였더라. 아브람이 그의 아내 사래와 조카 롯과 하란에서 모은 모든 소유와 얻은 사람들을 이끌고 가나안 땅으로 가려고 떠나서 마침내 가나안 땅에 들어갔더라.

사람의 냄새 컴퓨터 운영체제와 세계관

대부분의 학교에 일진들이 있습니다. 일진들은 깡과 주먹으로 아이들을 괴롭히며 '셔틀'로 부려먹으려 합니다. '셔틀'은 빵셔틀에서부디 김밥셔틀, 담배셔틀을 거쳐서 와이파이셔틀까지 진화를 했습니다. 빵셔틀은 일진의 '명령'에 따라서 쉬는 시간에 빵을 사다가 바치는 행동을 말합니다. 와이파이셔틀은 스마트폰 무제한 요금제에 가입하게 하고 일진이 셔틀의 와이파이 기능을 활용하는 방식입니다.

셔틀이 되는 아이들은 힘이 약하다기보다는 마음이 약한 아이들입니다. 일진의 '명령(빵 심부름)'에 한 번 굴복하면 〈일진-셔틀〉의 공식으로 굳어지게 됩니다. 부당한 요구에 복종하는 것은 문제를 해결하지 못하고 오히려 더 키우는 결과를 초래합니다.

중고등학교 시절의 일진이 인생의 일진이 되는 경우는 별로 없습니다. 대부분의 일진들은 공부를 안 하는 아이들이고, 대학에 갈 가능성이 별로 없습니다. 사회에 진출하여 번듯한 직장을 가지거나, 전문직으로 성공할 가능성이 거의 없습니다. 학창시절 잘 나가던(?) 일진이 사회의 바닥인생을 사는 경우가 많습니다. 지금의 일진이 미래에는 별볼일없는 존재가 될 가능성이 많다는 것을 기억해 두는 것이 좋습니다.

반대로 학창시절의 셔틀이 평생 '셔틀'로 살게 되는 것은 아닙니다. 중고등학교

시절 셔틀을 했지만, 어려운 시기를 보내고, 대학에 진학하고, 좋은 직장에 다니며 성공하는 경우가 꽤 있습니다. 아래의 글은 한 인터넷 사이트에 올라온 내용입니다.

일진 : 야, 올만이다(오랜만이다). x밥 대학 가더니 번지르르 하네?

셔틀 : 어...... 안녕....

일진 : x발, 눈 안 깔아?

셔틀 : 아, 짜장면이나 놓고 가줘....

일진 : (속으로) 아... x팔려...

고등학교 때 일진과 셔틀 관계였는데, 졸업 5년 후에 일진은 짜장면 배달부로 셔틀은 대학졸업 후 대기업 사원으로 만났습니다. 일진은 셔틀을 보는 순간 지금도 〈일진-셔틀〉의 관계로 착각했다가 나중에서야 지금은 옛날의 〈일진-셔틀〉이 아니라는 것을 깨닫게 됩니다. 옛날의 그 셔틀은 이제 일진이 어쩌지 못하는 위치에 올라 있습니다. 옛일진의 부끄러움과 옛셔틀이 안쓰러워하는 모습이 느껴지는 장면입니다.

-_-a 나는요, 이렇게 생각해요!

:-o 예수의 향기 절대순종의 믿음

순종과 복종은 누군가의 말을 따른다는 점에서는 같습니다. 그러나 순종은 따르는 사람이 마음에 내켜서 기꺼이 따르는 것을 말합니다. 반면에 복종은 마음이 내키는 것과는 상관없이 말한 사람의 힘에 눌려서 따르는 것을 말합니다. 이처럼 순종과 복종은 행동의 결과는 같을 수 있지만 동기는 전혀 다릅니다. 사람이나 하나님이나 복종하는 사람보다 순종하는 사람을 더 좋아할 수밖에 없는 이유가 여기에 있습니다. 하나님께서 순종을 원하시는 이유도 여기에 있습니다. 하나님께서는 순종을 기뻐하시고, 순종하는 사람에게 복을 주시는 이유도 여기에 있습니다.

현대인들도 순종을 미덕으로 생각할까요? 요즘 사람들 중에 순종의 마인드(mind)를 갖고 사는 사람은 그렇게 많아 보이지는 않습니다. 현대인들은 개성도 강하고, 자기주장도 강하기 때문에 명확하게 이해되고, 자신에게 이익이 보장되는 말에만 따르는 경향이 있습니다. 부모님의 말이라고 무조건 순종하지 않고, 선생님의 말이나 상급자의 말이라고 쉽게 받아들이지 않습니다. 이런 경향은 하나님의 말씀에도 적용됩니다.

하나님의 말씀은 '안식일을 거룩하게 지키라'고 하지만 공부, 시험, 성적, 학원 때문에 예배드리지 못하는 학생들이 많습니다. 사업 취미 여행 인간관계 때문에 주일을 지키지 않는 성인들도 많습니다.

'네 부모를 공경하라'는 말씀 때문에 부모에게 잘하기 보다는 '얻을 것이 있느냐 없느냐'로 잘하고 못하는 사람들이 많습니다. 살인, 간음, 도적질, 거짓 증거, 탐냄 등을 하지 말라는 계명에 무조건 순종하지 않고 자신의 욕심과 쾌락을 따르는 사람들이 많습니다.

아브라함은 어호와의 말씀을 따라서 행동하며 순종의 삶을 살았습니다. 지신의 이익이니 쾌락을 따르지 않고 하나님의 말씀에 순종했습니다. 자기 생각이나 판단대로 살지 않고 하나님의 말씀에 따르며 살았습니다. 아브라함은 하나님께 대한 절대믿음으로 하나님의 말씀에 대하여 절대 순종하였습니다. 이렇게 하나님의 말씀에 순종하며 산 결과 아브라함은 세상의 부와 명예와 존귀도 얻었고, 믿음의 조상이라는 영적인 복도 받았습니다.

우리도 아브라함처럼 하나님의 말씀에 절대 순종하는 절대믿음의 사람이 되면 아브라함처럼 복을 받을 수 있습니다. 윗사람에게 순종하면 그의 사랑과 신임을 받을 수 있고, 하나님께 순종하면 아브라함처럼 하나님의 복을 받게 됩니다. 하나님께 대한 절대믿음은 복종이 아니라 순종하는 사람이 되게 해줍니다.

~(~´_`) 주님! 저도 이렇게 살도록 노력할게요.

:-) 마음에 새기는 말씀

사무엘상 15 : 22~23 / 예배보다 나은 순종

사무엘이 이르되 여호와께서 번제와 다른 제사를 그의 목소리를 청종하는 것을 좋아하심 같이 좋아하시겠나이까? ▢▢이 ▢▢보다 낫고 듣는 것이 숫양의 기름보다 나으니, 이는 ▢▢하는 것은 점치는 죄와 같고, ▢▢한 것은 사신 우상에게 절하는 죄와 같음이라.

느헤미야 9 : 29 / 쉽지 않은 복종

다시 주의 율법을 ▢▢하게 하시려고 그들에게 경계하셨으나 그들이 교만하여, 사람이 준행하면 그 가운데에서 삶을 얻는, 주의 계명을 듣지 아니하며, 주의 규례를 범하여 ▢▢하는 ▢▢를 내밀며, ▢을 ▢▢하여 듣지 아니하였나이다.

고린도후서 10 : 4~6 / 그리스도에게 복종해야 하는 이유

우리의 싸우는 무기는 육신에 속한 것이 아니요 오직 어떠한 진도 무너뜨리는 하나님의 능력이라. 모든 이론을 무너뜨리며, 하나님 아는 것을 대적하여 높아진 것을 다 무너뜨리고 모든 ▢▢을 사로잡아 ▢▢▢▢▢에게 ▢▢하게 하니, 너희의 복종이 온전히 될 때에 모든 ▢▢하지 않는 것을 ▢하려고 준비하는 중에 있노라.

6(^_^) 자신을 위한 기도

순종을 기뻐하시는 아버지 하나님!

저도 아브라함처럼 하나님의 말씀에 순종하는 삶을 살게 도와주세요. 인간적이고 세상적인 이해관계에 흔들려 하나님의 말씀을 버리는 일이 없도록, 믿음으로 말씀을 따르는 삶을 살아 복된 인생이 되게 도와주세요. 다른 사람의 힘에 눌려 억지로 복종하는 사람이 되지 않게 하시고, 마음으로 순종하게 이끌어주세요. 예수님 이름으로 기도합니다. – 아멘.

성경말씀 신명기 20 : 1

네가 나가 대적과 싸우려 할 때에 말과 병거와 민중이 너보다 많음을 볼지라도 그들을 두려워 말라. 애굽 땅에서 너를 인도하여 내신 네 하나님 여호와께서 너와 함께 하시느니라.

사람의 냄새 전쟁보다 사람을 많이 죽게 하는 것은?

삼국지에는 대단한 장수들이 많이 나옵니다. 동탁 원소 여포 마초 관우 장비 조자룡 황충 태사자 감녕 허저 전위 하후돈 등등. 그 많은 장수들 중에서 최고의 장수가 항우장사라는 데는 이견이 없습니다. 누구와 싸워도 진적이 없는 장수, 평생 단 한 번도 싸움에서 져보지 않은 장수, 웬만한 장수들은 딘 일합에 베이버리고, 관우 장비급 장수들 여럿이 함께 덤벼도 지지 않는 천하무적의 항우장사는 어떻게 죽었을까요? 그는 싸움에 져서 죽은 것이 아닙니다. 사면초가 상황에서 절망에 사로잡혀 스스로 목숨을 끊고 맙니다. 절망이 죽음에 이르는 병이었던 것입니다.

인류 역사상 세상에 전쟁이 없던 날은 별로 없었습니다. 전쟁의 기본은 적군을 죽이고 땅을 정복하거나 지키는 것입니다. 전쟁하는 나라들은 최첨단 무기들을 동원해서 적군을 죽이려는 전투를 계속합니다. 전쟁에서 많은 사망자가 날 수 밖에 없는 이유입니다.

한국전쟁에서는 3년 동안 200만 명 이상의 군인들이, 베트남전쟁에서는 20년 동안 380만 명의 사망자가 발생했습니다. 1955년부터 2003년까지 48년 동안에는 세계에서 발생한 여러 전쟁으로 540만 명이 사망했다고 합니다. 일 년 평균 112,500명이 전쟁으로 죽은 것입니다.

이렇게 무서운 전쟁보다 더 많은 사람을 죽게 만드는 것은 자살입니다. 세계적으로 매년 100만 명이 넘는 사람들이 자살로 목숨을 잃고 있습니다. 전쟁으로 죽는 사람보다 10배나 많은 사람이 자살로 죽고 있는 것입니다. 게다가 자살을 시도했던 사람들은 자살로 죽은 사람보다 20배나 많다고 하니, 세계적으로 보면 일 년에 자살을 시도하는 사람들이 2000만 명이나 되는 것입니다.

문명은 고도로 발달하고, 경제적으로 더욱 풍요로워지는데 스스로 목숨을 끊는 사람들이 점점 더 많아지고 있습니다. 자살의 동기는 염세비관, 질병, 가정불화, 애정문제, 사업실패, 정신이상 등 많은 요인들이 있습니다. 다양한 자살의 공통된 이유는 절망이라고 할 수 있습니다. 실존철학자 키에르케고올은 '절망'이 '죽음에 이르는 병'이라고 했습니다. 절망은 끊을 절(切)과 바랄 망(望)인데, 희망에서 끊어진 사람이라는 뜻입니다. 모든 희망을 잃어버린 사람들이 절망하고 스스로 죽음을 선택하는 것입니다. 그러나 어떤 경우에도 하나님께 인정받는 자살은 없다는 것을 기억하십시오.

-_-a 나는요, 이렇게 생각해요!

:—o 예수의 향기 적을 보지 않고 하나님을 보는 믿음

사람의 눈에는 모든 희망의 줄이 끊어진 것 같이 보여도, 하나님께는 수많은 희망의 줄이 남아있습니다. 하나님이 있는 한 희망이 있는데, 사람들은 그것을 알지 못하는 것 같습니다. 모세에게 바다 속의 길을 내주고, 이스라엘의 40년 광야생활 동안에 만나를 내려주시던 것과 같은 방법이 하나님께는 무궁무진한데, 사람들이 보지 못하는 것 입니다.

많은 현대인들이 정신질환을 앓고 있습니다. 미국의 경우에 전체 인구의 20%가 어떤 형태로든 정신질환을 앓고 있는데, 특히 18~25세의 젊은 세대는 30%가 정신질환을 앓고 있다고 합니다. 그런데 절망하는 사람들과 정신질환을 앓고 있는 사람들이, 자신을 지배하는 두려움을 떨쳐버릴 수만 있다면, 삶에 대한 용기를 가질 수 있을 것입니다. 믿음은 절망 중에도 희망을 볼 수 있게 해주고, 크고 강한 적(문제)에 맞설 용기를 갖게 해줍니다.

모세는 여호수아와 이스라엘 사람들에게 크고 강한 적이라도 두려워하지 말라고 했습니다. 하나님이 함께 해주신다는 약속을 믿으라고 합니다. 적군의 수가 많은 것이나, 강한 무장을 한 것을 보더라도 두려워 말라고 합니다. 적군을 보지 말고 하나님을 바라보라고 합니다. 하나님께서 하나님의 백성들과 함께 하실 것이기 때문에 절망할 필요가 없다는 것입니다.

모세는 문제를 보지 않고 하나님을 보는 절대믿음을 가지고 있었습니다. 모세는 절대믿음으로 홍해바다가 앞을 막고 바로왕이 많은 애굽의 군대를 이끌고 뒤따라오는 상황에서도 두려워하지 않았습니다. 홍해바다를 보고 절망하지도 않았고, 바로의 군대를 보고 절망하지도 않았습니다. 오직 하나님을 바라보았고, 하나님의 해결책을 기다렸습니다. 하나님은 그 절대믿음의 모세에게 바다를 가르고 길을 내어주는 기적을 통해서 문제를 해결해주셨습니다.

하나님께서는 당신에게도 함께 해주실 것을 약속해주십니다. 강하고 담대하여 아무것도 두려워하지 마십시오. 세상의 그 어떤 것도 당신을 절망하게 할 수 없음을 기억하십시오. 문제를 보면서 절망하지 말고, 하나님을 보면서 희망을 가지십시오. 문제 상황에서 문제를 보지 않고 하나님을 보는 당신의 절대믿음이 하나님의 기적을 가져올 것입니다.

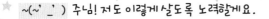

~(˘ ‿ ˘) 주님! 저도 이렇게 살도록 노력할게요.

:-) **마음에 새기는 말씀**

출애굽기 14 : 13~14 / 바로의 군대를 보지 않고 하나님을 보는 모세

모세가 백성에게 이르되 "너희는 두려워하지 말고 가만히 서서 ⬚⬚⬚ 께서 오늘 너희를 위하여 행하시는 ⬚⬚ 을 보라. 너희가 오늘 본 애굽 사람을 영원히 다시 보지 아니하리라. ⬚⬚⬚ 께서 너희를 위하여 ⬚⬚⬚⬚⬚ 너희는 가만히 있을지니라."

사무엘상 17 : 45, 47 / 승리의 키워드(Key Word)는 하나님

다윗이 블레셋 사람에게 이르되 "너는 ⬚ 과 ⬚ 과 단창으로 내게 나아오거니와 나는 만군의 ⬚⬚⬚ 의 ⬚⬚ 곧 네가 모욕하는 이스라엘 군대의 하나님의 이름으로 네게 나아가노라.…… 또 여호와의 구원하심이 칼과 창에 있지 아니함을 이 무리에게 알게 하리라. ⬚⬚ 은 ⬚⬚⬚⬚⬚⬚⬚⬚ 인즉 그가 너희를 우리 손에 넘기시리라."

시편 40 : 1~3 / 기가 막힐 수렁에서 끌어올려주시는 하나님

내가 여호와를 기다리고 기다렸더니 귀를 기울이사 나의 부르짖음을 들으셨도다. 나를 기가 막힐 ⬚⬚⬚ 와 ⬚⬚⬚ 에서 끌어올리시고 내 발을 ⬚⬚ 위에 두사 내 걸음을 ⬚⬚ 하게 하셨도다. 새 노래를 곧 우리 하나님께 올릴 ⬚⬚ 을 내 ⬚ 에 두셨으니 많은 사람이 보고 두려워하여 여호와를 의지하리로다.

6(^_^) 자신을 위한 기도

능력과 기적의 하나님 아버지!

아무리 크고 강한 적(문제)을 만나더라도 하나님께서 함께 해주심을 믿고 두려워하지 않는 제가 되게 해주세요. 어떤 일이 있어도 절대로 절망하지 않도록, 정신적인 질병을 앓지 않도록, 하나님의 함께 하심을 믿고 희망과 용기를 가지고 담대하게 살 수 있도록 도와주세요. 강한 적을 보지 말고 하나님을 보아야 하는 것처럼, 크고 어려운 문제를 보면서 절망하지 말고 하나님을 보면서 희망을 가지는 제가 되게 해주세요. 예수님 이름으로 기도합니다. – 아멘.

^ㅅ^ **성경말씀** 사무엘상 17 : 37

또 다윗이 이르되 "여호와께서 나를 사자의 발톱과 곰의 발톱에서 건져내셨은즉 나를
이 블레셋 사람의 손에서도 건져내시리이다." 사울이 다윗에게 이르되 "가라, 여호와
께서 너와 함께 계시기를 원하노라."

:-| **사람의 냄새 의사 부인의 행복한(?) 결혼생활**

저는 남편한테 온갖 갖은 애교와 재롱으로 환심을 삽니다. 요즘 남편은 하루 종
일 재밌게 깔깔 거리고 장난치고 재밌어 죽습니다. 하지만 저의 그런 생활 뒤에는
정말 남편이 인간 이하라고 생각할 때도 많고, 시댁은 완전 버러지라고 생각하며
삽니다.

남편은 S대병원 요즘 잘나가는 인기과 전문의이고, 외모도 매우 준수합니다. 저
도 그에 준해 객관적으로 '어울린다' 하는 조건입니다. 남편과는 선으로 만나 결혼
했습니다.

우리 집은 부모님이 열심히 사업을 해서 살만큼 살게 된 집인데 반해서, 남편은
개천에서 난 용처럼, 없는 집에서 유일하게 성공한 사람이었습니다. 그런데 시어
머니와 시댁 식구들은 잘난 남편 때문에 완전 돈독이 올라 있습니다. 정말 남의 것
못 뺏어서 안달인 그 집 사람들은 저희 친정을 물고 늘어져서 엄청 돈을 뜯어냈습니
다. 남편도 역시 돈 욕심을 너무 부려서 신혼 초에는 매일 싸우다가 이혼을 하는
상황까지 갔습니다. 그때 남편은 "내 미래가 보장되는 확실한 금전적 서포트 없이
다시 시작하지는 못한다."고 속내를 드러냈습니다. 그러면서 자기가 잘난 만큼 돈
을 더 가져오라고 했습니다.

저는 그 후로 남편이 인간쓰레기로 보였습니다. 그러나 생각을 바꾸어 먹었습니
다. 남편이 원하는 만큼 돈을 가져다주고, 그 대신 "그래 나도 어차피 네가 의사라
는 조건만 보고 결혼했으니, 이제 너한테 돈 투자하는 대신 네가 벌어오는 돈으로

잘 먹고 잘 살 테니 너는 돈이나 많이 벌어 와라! 자기가 의사라고 잘난 척 하려면 해봐라. 네가 의사인거 그렇게 내세우는데, 이제부터는 내가 의사 마누라로서 최대한 누려 줄께!" 라고 생각했습니다.

원하는 만큼 돈을 받은 남편은 자기 아내에 대한 태도를 사랑모드로 바꾸었습니다. 어쩌면 저를 진짜로 사랑하는 것인지도 모르겠다는 생각이 들 정도입니다. 그러나 저는 철저히 내 맘을 숨기고 사랑하는 척, 너무 보고 싶은 척하면서 연기를 하며 삽니다. "멋있다. 당신이 최고다." 라고 칭찬해주니까 제가 자기를 진짜 사랑하고 좋아하는 줄 알고 침을 질질 흘릴 정도로 좋아합니다.

정말 어떨 땐 너무 고통스럽고 내 자신이 정말 싫습니다. 결혼한 거 다 무효하고 평생 혼자 살아도 좋으니까 다시 되돌리고 싶습니다. 옛날 동창들은 의사 남편 뒤서 부유하고 행복하게 사는 줄 알고 부러워하기도 합니다. 그러나 속 다르고 겉 다른 나의 결혼생활은 행복과는 너무 거리가 멉니다. (모 인터넷 사이트에 올린 의사 부인의 글)

-_-a 나는요, 이렇게 생각해요!

:-O 예수의 향기   모든 상황에 똑같이 적용하는 믿음

'선데이 크리스천'은 일요일에 교회에 가서 예배만 한 번 드리는 그리스도인을 가리키는 말입니다. 그러나 선데이 크리스천 중에도 헌금이나 교인으로서의 의무를 잘 감당하는 교인들도 있습니다. 선데이 크리스천보다 더 문제가 되는 사람은 교회 안에서와 교회 밖에서의 생활이 너무 다른 사람들입니다.

이런 사람은 '～에서는 신앙'을 가진 사람입니다. 교회에서는 크리스천인데 사회에서는 세상 사람으로 사는 사람입니다. 교회에서는 훌륭한 성도로 인정받는데 교회 밖에서는(가정, 회사, 일상생활에서는) 세상 사람들과 똑같이 삽니다. 이런 사람들은 적당히 믿고 적당히 사는 사람일 가능성이 많습니다. 안 믿자니 하나님이 두렵고, 제대로 믿자니 세상이 겁나는 사람입니다. 이런 사람은 자신이 크리스천이라는 것을 부끄러워하지는 않지만, 그렇다고 크리스천으로서의 자부심을 가지고 살지도 않습니다.

이런 크리스천보다 더 문제가 되는 것은 '～에서나 신앙'을 가진 사람들입니다. 이런 사람들은 교회에서나 크리스천이지 교회 밖에서는 전혀 크리스천이라고 말할 수 없는 사람들입니다. 세상 사람들보다 더 악하고, 더 못된 일을 많이 하는 사람일 수도 있습니다. 이런 사람은 신앙적 마인드가 없는 사람이거나, 있어도 왜곡되어 있으며, 심지어 신앙을 이용하려는 사람일 가능성도 있습니다. 이런 소수의 크리스천들 때문에 교회가 비난의 대상이 되고, 하나님의 영광이 가려지는 일이 많습니다.

가장 바람직한 그리스천은 '～에서도 신앙'을 가진 사람입니다. 교회에서도 신실한 크리스천이고 사회에서도 신실한 크리스천으로 사는 그리스도인입니다. 언제 어디에서나 똑같이 믿음으로 생각하고 행동하는 진실한 그리스도인입니다. 이런 사람에게서 하나님의 능력이 나타나게 됩니다. 이런 크리스천들로 교회가 칭찬을 받고, 하나님이 영광을 받습니다.

다윗은 대표적인 '～에서도 신앙인'이었습니다. 전장에서 잔뼈가 굵은 모든 용사들조차도 골리앗 앞에서 벌벌 떨고 있을 때에, 한 번도 전쟁에 나서본 적이 없는 다윗이 "여호와께서 나를 사자의 발톱과 곰의 발톱에서 건져내셨은즉 나를 이 블레셋 사람의 손에서도 건져 내시리이다"라고 말했고, 그 믿음으로 물맷돌을 들고 나가서 골리앗을 이기는 능력을 발휘했습니다. 다윗의 '～에서도 신앙'은 절대믿음의 결과입니다. 다윗은 하나님께 대한 절대믿음으로 언제 어디서 어떤 상황에서도 하나님의 능력을 믿고 용감하게 행동했습니다.

~(~'_') 주님! 저도 이렇게 살도록 노력할게요.

사무엘상 17 : 37 / 다윗의 '에서도' 신앙

또 다윗이 이르되 여호와께서 나를 사자의 발톱과 곰의 발톱에서 건져내셨은즉 나를 이 블레셋 〔　　〕의 〔　〕에서도 건져내시리이다.

신명기 1 : 30~32 / 지금도 나를 위해 싸워주시는 하나님

너희보다 먼저 가시는 너희의 하나님 여호와께서 애굽에서 너희를 위하여 너희 목전에서 모든 일을 행하신 것 같이 〔　　　　〕 너희를 위하여 싸우실 것이며, 광야 〔　　　　〕 너희가 당하였거니와 사람이 자기의 〔　　〕을 〔　　　〕 너희의 하나님 여호와께서 너희가 걸어온 길에서 너희를 안으사 이곳까지 이르게 하셨느니라 하나, 이 일에 너희가 너희의 하나님 여호와를 믿지 아니하였도다.

이사야 58 : 11 / 어떤 환경에서도 복된 삶을 이루어주시는 하나님

여호와가 너를 〔　　〕 인도하여 마른 곳에서도 네 영혼을 〔　　〕하게 하며, 네 뼈를 〔　〕하게 하리니, 너는 물 댄 〔　　〕 같겠고 물이 끊어지지 아니하는 〔　〕 같을 것이라.

6(^_^) 자신을 위한 기도

하나님 아버지!
언제 어디서나 믿음으로 사는 제가 되게 도와주세요. 교회에서도 교회 밖의 모든 삶의 현장에서도 신실한 그리스도인으로 살면서, 하나님께 영광을 돌리는 삶을 살게 이끌어주세요. 세상 사람들이 어떻게 생각할까를 두려워하지 않고, 언제 어디서나 당당하게 그리스도인으로서 살아갈 믿음과 용기를 주세요. 예수님 이름으로 기도합니다. – 아멘.

욥의 절대믿음

ᄉᄾ 성경말씀 욥 1 : 18~19

그가 아직 말하는 동안에 또 한 사람이 와서 아뢰되 "주인의 자녀들이 그들의 맏아들의 집에서 음식을 먹으며 포도주를 마시는데, 거친 들에서 큰 바람이 와서 집 네 모퉁이를 치매 그 청년들 위에 무너지므로 그들이 죽었나이다. 나만 홀로 피하였으므로 주인께 아뢰러 왔나이다." 한지라

:-| 사람의 냄새 오줌 누고 똥 싸는 행복

30대 여인 안효주 씨, 어느 날 소변을 보는데 피가 섞여 나왔습니다. '병원에 가야지, 가야지' 하면서 차일피일 미루다가 세 달이 지나서야 병원에 가서 조직검사를 했습니다. 담당의사는 큰병원으로 가보는 게 좋겠다고 말했습니다. 그래서 간 대학병원. 결론은 자궁경부암 1~2기 진단을 받았습니다. 여성암 중에서 자궁경부암은 비교적 치료가 잘 되고 예후도 좋다고 해서 크게 걱정은 하지 않았습니다.

하지만 그녀는 병원 치료 대신 풍문으로 들었던 중국의 좋다는 약을 먹었습니다. 6개월 정도 지났을 때 '혹시 암세포가 사라진 건 아닐까?'하며 들뜬 마음으로 병원을 다시 찾아갔습니다. MRI 검사 결과 암세포는 더 커져 있었고, 2기 말이라는 진단도 함께 나왔습니다.

의사는 서둘러 수술을 해야 한다고 했습니다. 2회의 항암치료를 받고 나서 그녀는 수술대 위에 올랐습니다. 수술해서 암 세포를 없애면 모든 고통이 끝날 줄 알았습니다. 하지만 수술은 결코 고통의 끝이 아니었습니다. 생각지도 못한 고통이 그녀를 기다리고 있었습니다. 자궁 경부가 방광과 가깝다 보니 배뇨와 관련된 신경도 함께 제거돼 버린 탓에 배뇨감을 전혀 느낄 수가 없었고, 대소변을 제대로 볼 수 없게 되었습니다.

그 후유증은 상상을 초월했습니다. 대변을 보는 것도, 소변을 보는 것도 통제할수가 없습니다. 아무런 느낌 없이 소변이 나왔고, 대변도 나왔습니다. 그것은 참으로 받아들이기 힘든 현실이었습니다. 자존심도 상하고 말 못할 수치심도 느껴졌

습니다. 포기해야 하는 것들도 많았습니다. 외출 한번 하려 해도 쉽지 않았고, 여행은 꿈도 못 꿀 일이 되었습니다. 배뇨곤란은 그녀 삶을 피폐하게 만들었고, 하루하루 힘든 나날을 살아내야 했습니다.

그랬던 그녀가 지금은 외출도 자유롭게 할 수 있게 됐다고 좋아라 합니다. 배뇨감을 느낄 수 있게 됐기 때문입니다. 소변을 어느 정도 조절할 수 있게 되면서 하루하루 살맛이 난다고 말합니다. 웬만큼 소변도 조절할 수 있게 되면서 무너졌던 그녀의 자존심도 회복되었습니다. 사람이 배설을 자유롭게 할 수 있는 것만큼 큰 행복은 없을 것이라고 강조하는 그녀는 이제 더 이상 바랄 것이 없다고 말할 정도입니다. 배뇨감, 별 것 아닌 것 같은 그 느낌을 그녀는 정말 신의 선물과도 같은 것이라고 고백합니다. 배뇨감을 느낄 수 있다는 것만 가지고도, 그녀는 새롭게 주어지는 하루 하루를 감사한 마음으로 최선을 다해서 충실하게 살고 있습니다. (건강다이제스트, 안효주 씨의 투병기)

-_-a 나는요, 이렇게 생각해요!

:-O 예수의 향기 최악의 상황을 극복한 욥의 믿음

사람들은 대체로 얻는 것을 좋아하고 잃는 것을 싫어합니다. 돈, 재산, 건강, 사랑하는 사람, 자식, 명예, 직장, 좋은 친구, 특별한 능력, 행복… 이런 것들을 얻으면 좋아하고 잃으면 싫어하는 것은 당연할 것입니다. 그런데 사람들이 가지고 있었던 것 중에서 어떤 것을 잃어버리는 것을 가장 고통스러워할까요?

"재산을 잃으면 적게 잃는 것이다. 명예를 잃으면 많이 잃는 것이다. 그러나 건강을 잃으면 다 잃는 것이다." 라는 말을 하는 사람들이 있습니다. 건강의 소중함을 강조하는 말입니다. 그런데 실제로 재산을 잃되 몽땅 망해버린 사람이 "재산을 잃는 것은 적게 잃는 것이야"라고 생각될 수 있을까요? 많은 사람들의 추앙을 받던 사람이 명예를 잃고 바닥까지 추락되었을 때의 고통이 신체의 일부를 잘라내야 하는 고통보다 덜하다고 위로받을 수 있을까요? 건강을 잃는 것도 세상을 잃는 것과 같은 아픔이고, 명예를 잃는 것도, 재산을 잃는 것도 세상을 잃는 것과 같은 아픔입니다. 그러나 그보다 더 고통스러운 것은 자녀를 잃는 일입니다. 행방불명된 아들 딸을 찾는데 평생을 바치는 사람들이 많습니다. 하물며 자식이 죽었을 때 부모의 고통은 누구도 상상할 수 없습니다. 자신의 건강이나 생명을 잃는 것보다 자식의 건강과 생명을 잃는 것이 더 고통스럽기 때문입니다.

욥은 모든 것을 가지고 있었던 사람이었습니다. 당시로서는 재벌급에 해당되는 많은 재산, 남녀노소를 막론하고 모두로부터 존경받는 명예, 사람 좋고 믿음 좋은 7남 3녀의 열 자녀, 그리고 건강… 그런데 그 모든 것을 하루아침에 다 잃어버렸습니다. 재산은 다 빼앗겼고, 10명의 자녀들은 한 집에 모여 잔치를 벌이다가 집이 무너져 모두 죽었고, 욥 자신의 몸에는 악창이 나서 썩어가고 있습니다. 세상 사람들은 이 모든 것이 욥이 뭔가 큰 죄를 지어 천벌을 받는 것이라고 손가락질 했습니다.

욥은 인간이 겪을 수 있는 최악의 상황을 맞았습니다. 좌절할 수밖에 없고, 절망할 수밖에 없고, 하나님을 원망할 수밖에 없는 상황입니다. 그 최악의 상황에서도 욥은 무너지지 않았습니다. 모든 것을 잃었지만 욥은 하나님에 대한 신앙만큼은 잃지 않았습니다. 자신의 출생을 한탄할지언정 하나님께 대들지는 않았습니다. 욥은 하나님께 대한 절대믿음을 가지고 있었던 것입니다. 그 절대믿음으로 욥은 엄청난 비극을 이겨냈고, 결국 하나님께 이전보다 두 배나 많은 복을 받았습니다.

욥에게 남아 있던 유일한 것, 하나님! 욥에게 '하나님'이 남아 있었다는 것은 가장 큰 것이 남아 있는 것이었고, 결국 모든 것이 남아 있는 것이나 마찬가지였습니다. 당신에게 아직 하나님이 있다면, 당신은 세상의 모든 것을 가지고 있는 것임을 기억하십시오.

~(~´ _`) 주님! 저도 이렇게 살도록 노력할게요.

30

:─) 마음에 새기는 말씀

욥기 1 : 20~22 / 최악의 상황에서도 죄를 짓지 않는 욥

욥이 일어나 겉옷을 찢고 머리털을 밀고 땅에 엎드려 예배하며, 이르되 "내가 모태에서 ▢▢으로 나왔사온즉 또한 ▢▢이 그리로 돌아가올지라. ▢▢도 여호와시요 ▢▢▢▢도 여호와시오니 여호와의 이름이 ▢▢을 받으실지니이다". 하고, 이 모든 일에 욥이 ▢▢하지 아니하고, 하나님을 향하여 ▢▢하지 아니하니라.

사무엘하 19 : 4~6 / 악한 아들의 죽음도 가슴아파하는 아버지 마음

왕이 그의 얼굴을 가리고 큰 소리로 부르되 "▢▢▢▢ 압살롬아, 압살롬아! 내 ▢▢아, 내 ▢▢아!" 하니, 요압이 집에 들어가서 왕께 말씀하되 "왕께서 오늘 왕의 생명과 왕의 자녀의 생명과 처첩과 비빈들의 생명을 구원한 모든 부하들의 얼굴을 부끄럽게 하시니, 이는 왕께서 미워하는 자는 사랑하시며 사랑하는 자는 미워하시고 오늘 지휘관들과 부하들을 멸시하심을 나타내심이라. 오늘 내가 깨달으니, 만일 압살롬이 살고 오늘 우리가 다 죽었다면 왕이 마땅히 여기실 뻔하였나이다."

마가복음 10 : 21~22 / 재물에 대한 애착 버리는 것의 어려움

예수께서 그를 보시고 사랑하사 이르시되 "네게 아직도 한 가지 부족한 것이 있으니 가서 네게 ▢▢▢을 다 팔아 가난한 자들에게 주라. 그리하면 하늘에서 ▢▢가 네게 있으리라. 그리고 와서 나를 따르라." 하시니, 그 사람은 ▢▢이 많은 고로 이 말씀으로 인하여 슬픈 기색을 띠고 근심하며 가니라.

6(^_^) 자신을 위한 기도

하나님 아버지!

돈과 재산, 명예, 건강, 가족들…, 모두 소중한 것들입니다. 가능한 대로 그것들을 얻되 잃지 않는 복된 삶이 되도록 저를 지켜주세요. 그리고 무엇보다 하나님을 잃는 일이 없도록 저를 지켜주세요. 하나님을 잃는 것은 다른 모든 것을 잃는 것보다 더 큰 것을 잃는 일이고, 하나님을 얻는 것은 모든 것을 얻는 것임을 깨닫게 도와주세요. 예수님 이름으로 기도합니다. – 아멘.

절대믿음7 이사야 의 절대믿음

∧∧ 성경말씀 이사야 6 : 8

내가 또 주의 목소리를 들으니 주께서 이르시되 "내가 누구를 보내며 누가 우리를 위하여 갈꼬?" 그 때에 내가 이르되 "내가 여기 있나이다. 나를 보내소서!" 하였더니

:ㅓ 사람의 냄새 예스맨 이야기

대출회사의 상담직원인 칼 알렌은 원래 '노-맨(No-Man)'입니다. 누가 무슨 말을 해도 우선 '노(No)'라고 대답하고 봅니다. 매사에 '노'를 입에 달고 사는 부정적인 사람입니다. 대출상담을 하는 고객에게도 '노'하고, 대출신청 서류에도 '예스'를 쓰는 법이 없습니다. 도무지 대출해주지 않으니 당연히 성과를 내지 못합니다. 동료들의 생일파티 초대에도 무조건 '노'입니다. 할 일 없어 무료하게 집에서 TV나 보면서 뒹굴어도 누구의 초청에도 거짓말까지 동원하면서 부조건 '노'합니다. 무능력하고 외톨이로 불행하게 사는 칼의 인생은 악순환의 연속입니다.

보다 못한 친구가 칼을 위해서 '인생역전 자립 프로그램'을 소개하는 팜플렛을 전해줍니다. 처음에는 이도 역시 '노'했지만, 자신의 삶의 방식을 바꿀 필요성을 인정한 칼이 용기를 내어 이 프로그램에 참여합니다. '긍정적인 사고가 행운을 부른다'는 프로그램 규칙에 따라서, 이곳에 온 사람들은 '예스'를 훈련받게 됩니다.

칼은 모든 일에 '예스'라고 대답하기로 결심하고 돌아오는 길이었습니다. 칼이 차를 타고 오는데 한 노숙자가 차에 태워달라고 부탁합니다. 평소 같으면 바로 "노!"했을 것이지만, 친구가 지켜보고 있어서 할 수 없이 노숙자를 태워줍니다. 그런데 노숙자는 돈까지 빌려달라고 요구하고, 휴대전화를 빌려달라고 합니다. 쉽지 않은 일이지만 끝까지 '예스'를 해보자는 마음으로 모두 '예스!'. 그런데 차에 기름이 떨어졌습니다. 어쩔 수 없이 걸어서 주유소로 기름을 사러갑니다. 그런데 바로 그곳에서 스쿠터를 타고 기름을 넣으러 온 예쁜 아가씨를 만나게 됩니다. 아가씨는 칼을 차까지 태워다줍니다. 칼은 그렇게 행운을 경험하게 되고, '예스'의 힘을 믿게 됩니다. 그래서 구매요청, 수강생 모집 리플렛 등 모든 요구에 '예스'하게 되면서 새로운

도전이 시작됩니다. 번지점프 하기, 한국어 수업 듣기, 기타 배우기, 모터사이클 타기, 남의 인생 간섭하기, 온라인으로 데이트상대 정하기 등.

칼은 업무에도 '예스'를 적용하기 시작합니다. 대출을 모두 승인하다보니 어려운 사람들의 소액대출에도 무조건 결재를 해줍니다. 그런데 그 소액대출들이 은행에 많은 이익을 가져다주어, 칼은 은행의 임원으로 승진합니다.

자살하려는 사람을 기타연주로 마음을 진정시킨 후 구해주어 '예스'는 사람의 목숨도 구해 주게 합니다. 그리고 칼의 인생에 제일 중요한 선물을 가져다줍니다. 아름답다 못해 사랑스러운 앨리슨을 만나 사랑을 이루게 된 것입니다.(짐 캐리 주연의 영화 '예스맨' 이야기)

-_-a 나는요, 이렇게 생각해요!

:-O 예수의 향기 예스맨이 되는 이사야의 믿음

마틴 샐리그먼은 『긍정의 심리학』에서, 사람들은 초등학교 2, 3학년 쯤 되면 벌써 인생을 관통하는 어떤 성향이 굳어진다고 말합니다. 그 하나는 비관론적인 성향인데, 어떤 일에도 좀처럼 '예스'라고 대답하지 않고 '노'라고 말하는 사람입니다. 이런 사람들은 인생을 부정적으로 살게 되고, 어려운 일을 만났을 때 쉽게 포기하고, 자신에 대한 자존감도 낮습니다. 다른 하나는 긍정론적 성향인데, 이런 사람은 좋은 일에 대해서는 적극적으로 '예스'라고 대답하는 사람입니다. 이런 사람은 세상을 긍정적으로 보고, 어려운 일도 해낼 수 있다는 생각이 있어서 쉽게 포기하지 않으며, 자신에 대한 자존감도 높아서 성공할 수 있는 가능성이 많습니다.

사람에게 '예스'라고 말하는 것도 중요하지만 하나님께 대해서도 '예스'로 대답하는 사람이 되는 것은 더욱 중요합니다. 세상살이에서도 예스는 긍정과 행운을 불러오지만, 영적인 신앙생활에서는 하나님께 대한 예스는 복과 능력을 불러들이는 출발점이 됩니다.

하나님께서 우리에게 사명을 맡기실 때, 하나님께서 사용하시기 위해서 사람을 부르실 때에 그 부르심과 맡기심에 대해서 흔쾌히 '예'라고 대답하며 받아들이는 사람도 있고, 반대로 절대로 '예'라고 대답하지 않는 사람도 있습니다.

이사야 선지자는 "내가 누구를 보내며 누가 우리를 위하여 갈꼬?" 라는 하나님의 말씀을 듣고, "내가 여기 있나이다. 나를 보내소서!" 라고 대답하고 나섰습니다. 하나님의 부르심에 '예스'로 대답한 것입니다. 하나님의 모든 말씀에 '예스'로 대답하는 것은 절대믿음입니다. 이 절대믿음이 우리를 하나님의 사람으로 만들어줍니다.

하나님께서는 하나님의 부르심에 대해서, 하나님의 말씀에 대해서 이사야 선지자처럼 '예스'로 대답하는 적극적인 사람을 기뻐하시며 크게 사용하십니다. 당신은 하나님의 말씀과 부르심에 대해서 어떻게 반응하는 사람으로 살고 있나요?

~(~'_') 주님! 저도 이렇게 살도록 노력할게요.

이사야 6 : 8 / 하나님의 부르심에 '예'로 대답하라

내가 또 주의 목소리를 들으니 주께서 이르시되 "내가 ▢▢를 보내며 ▢▢ 우리를 위하여 갈꼬?" 그 때에 내가 이르되 "▢가 여기 있나이다. ▢를 보내소서!" 하였더니

사무엘상 3 : 8~10 / 하나님이 부르시거든 대답하라

여호와께서 세 번 째 사무엘을 부르시는지라, 그가 일어나서 엘리에게로 가서 가로되 "당신이 나를 부르셨기로 내가 여기 있나이다." 엘리가 여호와께서 이 아이를 부르신 줄을 깨닫고, 이에 사무엘에게 이르되 "가서 누웠다가 그가 너를 부르시거든 네가 말하기를 '여호와여, ▢▢ 하옵소서. ▢의 ▢이 듣겠나이다.' 하라." 이에 사무엘이 가서 자기 처소에 누우니라. 여호와께서 임하여 서서 전과 같이 "사무엘아! 사무엘아!" 부르시는지라 사무엘이 가로되 "말씀하옵소서! ▢의 ▢이 듣겠나이다."

고린도후서 1 : 17~20 / 하나님께 "예!" 하면 '아멘'하게 된다

이렇게 경영할 때에 어찌 경홀히 하였으리요? 혹 경영하기를 육체를 좇아 경영하여 ▢ 예하고 ▢▢ 아니라 하는 일이 내게 있었겠느냐? 하나님은 미쁘시니라. 우리가 너희에게 한 말은 ▢ 하고 ▢▢▢ 함이 없노라. 우리 곧 나와 실루아노와 디모데로 말미암아 너희 가운데 전파된 하나님의 아들 예수 그리스도는 ▢ 하고 ▢▢▢ 함이 되지 아니하였으니 저에게는 ▢만 되었느니라. 하나님의 ▢▢은 얼마든지 그리스도 ▢에서 ▢가 되니, 그런즉 그로 말미암아 우리가 ▢ 하여 하나님께 영광을 돌리게 되느니라.

6(^_^) 자신을 위한 기도

말씀에 '예'로 대답하기를 원하시는 하나님!
저도 많은 것에 대해서 부정적으로 생각하고 대답하는 경향이 있습니다. 이런 부정적인 성향과 '노-맨'의 모습을 벗어버리고, 긍정적인 성향과 '예스-맨'의 모습으로 살 수 있게 도와주세요. 저를 위한 말, 저를 위한 제안, 좋은 생각, 좋은 일, 하나님의 일에 대해서 긍정적으로 생각하고, '예스'로 반응할 수 있게 도와주세요. 하나님께서도 기뻐하시고 즐겨 쓰실 수 있는 사람, 세상 사람들도 기분 좋게 함께 일할 수 있는 사람으로 살게 해주세요. 예수님 이름으로 기도합니다. – 아멘.

요엘의 절대믿음

∿ 성경말씀 요엘 2 : 13~14

너희는 옷을 찢지 말고 마음을 찢고 너희 하나님 여호와께로 돌아올지어다. 그는 은혜로우시며 자비로우시며 노하기를 더디 하시며 인애가 크시사 뜻을 돌이켜 재앙을 내리지 아니하시나니, 주께서 혹시 마음과 뜻을 돌이키시고 그 뒤에 복을 내리사 너희 하나님 여호와께 소제와 전제를 드리게 하지 아니하실는지 누가 알겠느냐?

:-) 사람의 냄새 광부의 설교

광부와 설교단. 광부가 설교단에 서는 것은 누가 봐도 어울리지 않아 보입니다. 그런데 1904년 영국 웨일스의 한 교회에 젊은 광부가 찾아와서 목사님에게 설교할 수 있게 강단을 내달라고 요청합니다. 청년의 머리카락은 탄진으로 범벅이었고, 손톱에는 새까맣게 때가 끼어 있었습니다. 목사님은 당연히(?) 거절했습니다. 그런데 이 젊은 광부는 끈질기게 찾아와서 설교시간을 내달라고 간청합니다. 목사님은 이렇게 말하면서 어렵게 설교단을 허락했습니다.

"그런데 자네 같은 탄광노동자의 설교에 과연 누가 귀를 기울이겠는가? 하도 원하니 30분만 강단을 내어주겠네. 성도들이 돌아가지 않고 자네의 설교를 듣는다면 30분 동안 설교를 해도 좋네!"

설교를 허락을 받은 날, 25세의 이 청년이 설교단에 올랐습니다. 목사님을 포함한 17명이 그의 설교를 듣기 시작했습니다. 청년은 말을 잘하지도 못했고, 아는 것이 많은 사람도 아니었습니다. 그가 알고 있는 유일한 책은 성경이었으며, 그가 설교하는 것도 오직 성경이었습니다. 그러나 그의 마음은 하나님과 거룩한 말씀에 대한 정열로 불타고 있었고, 그것을 전하기 시작했습니다. 그의 설교를 듣는 동안 목사님과 성도들은 모두 통회의 눈물을 흘렸습니다. 광부의 설교를 듣고 난 목사님과 교회는 그 광부 설교자를 강사로 모시고 특별 부흥회를 열었습니다. 다음날도 그 다음날도 점점 더 많은 사람들이 교회를 찾아와 광부의 설교를 들으며 회개하고 새로운 삶을 시작했습니다.

그 후 30일 안에 3만7천명이 그 교회에 나와서 자신들의 죄를 회개하고 예수 그리스도를 구세주와 주님으로 영접했습니다. 5개월 만에 웨일즈 시민 10만 명이 회개했습니다. 2년 만에 2백만 명의 영국인이 회개운동에 참여했습니다. 학생, 법조인, 주부, 교사 등 모든 계층의 사람들이 통렬한 회개운동을 펼쳤습니다. 이렇게 웨일즈 대부흥운동을 일으킨 청년의 이름은 이반 로버츠였습니다. 그의 메시지는 단순했습니다.

①당신은 생각나는 모든 죄를 하나님께 고백해야만 한다.

②당신은 생활 속에서 좋지 않은 습관은 모두 제거해야만 한다.

③당신은 성령님의 인도하심에 즉각 순종해야 한다.

④당신은 그리스도를 증거하기 위해서 대중에게 나아가야만 한다.

광부 설교자 로버츠로부터 시작된 회개운동이 웨일즈와 영국과 유럽, 그리고 전 세계로 들불처럼 퍼져나갔습니다.

-_-a 나는요, 이렇게 생각해요!

:-O 예수의 향기 마음을 찢는 회개의 믿음

구약의 이스라엘 사람들은 마음에 큰 고통이 있을 때, 하나님께 깊이 회개하며 기도할 때에 옷을 찢고, 머리에 재와 티끌을 뿌렸습니다. 이런 사람을 보면, 사람들은 그가 큰 고통 중에 있거나, 깊이 회개하며 기도 중에 있는 줄 알 수 있었습니다. 그러나 어떤 사람들은 마음을 찢는 고통 없이, 자기가 크게 아파하고 있고, 하나님께 회개하고 있다는 것을 보여주기 위해서 옷을 찢고 재를 뿌린 헝클어진 머리를 했습니다. 사람들의 동정을 받기 위한 행위로, 사람들에게 보이기 위한 외식으로 행하는 사람들이 있었던 것입니다.

요엘 선지자는 이런 사람들에게 옷을 찢으며 기도할 것이 아니라 마음을 찢으며 기도하라고 외쳤습니다. 형식적인 기도를 하지 말고 진정한 마음이 담긴 기도를 하라는 촉구입니다. 진정한 회개, 마음이 찢기는 아픔을 갖고 하는 참된 기도를 하라면서 외친 것이 "옷을 찢지 말고 마음을 찢으라"는 말씀이었습니다.

마음을 찢는 것은 자기 존재를 찢어버리는 것을 말합니다. 자기 심장을 도려내고 하나님의 심장으로 바꾸어 다는 것처럼, 자기의 피부를 벗겨 버리고 하나님으로 피부이식수술을 하는 것처럼, '나'를 벗겨내고 하나님으로 옷 입는 것이 필요합니다. 성경은 이것을 '그리스도로 옷입는 것'이라고 했습니다.

다른 말로 하면 이것은 '비움'입니다. 나를 버리고 하나님으로 채우는 것입니다. 나를 버리고 하나님으로 옷 입는 것, 나를 버리고 하나님으로 채우는 것은 절대믿음이 있어야 가능합니다. 요엘은 그 절대믿음을 우리에게 요구하고 있습니다.

당신의 기도는 얼마나 마음을 찢는 아픔을 가진 기도입니까? 당신의 기도에 통회하고 자복하며 가슴을 치면서 회개하는 기도는 얼마나 됩니까? 당신을 찢어내고 하나님으로 깁는 절대믿음을 가지십시오.

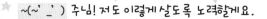

~(~´_`) 주님! 저도 이렇게 살도록 노력할게요.

이사야 1 : 16~18 / 붉은 피 같은 죄도 하얗게 씻어주는 회개

너희는 스스로 씻으며 스스로 깨끗하게 ░░░░░░하여 내 목전에서 너희 악한 행실을 버리며 악행을 그치고…… 여호와께서 말씀하시되 "오라, 우리가 서로 변론하자. 너희의 죄가 ░░░ 같을지라도 ░░과 같이 희어질 것이요, ░░ 같이 붉을지라도 ░░ 같이 희게 되리라."

로마서 13 : 11~14 / 빛의 갑옷, 예수 그리스도로 옷 입자.

또한 너희가 이 시기를 알거니와 자다가 깰 때가 벌써 되었으니 이는 이제 우리의 구원이 처음 믿을 때보다 가까웠음이라. 밤이 깊고 낮이 가까웠으니 그러므로 우리가 ░░░░ ░을 벗고 ░░░ ░░을 입자. 낮에와 같이 단정히 행하고 방탕하거나 술 취하지 말며 음란하거나 호색하지 말며 다투거나 시기하지 말고, 오직 주 예수 그리스도로 ░░ 입고 정욕을 위하여 육신의 일을 도모하지 말라.

누가복음 15 : 7 / 죄인의 회개는 하나님께서 가장 기뻐하시는 일

내가 너희에게 이르노니 이와 같이 ░░░ 한 사람이 ░░ 하면 하늘에서는 회개할 것 없는 ░░ 아흔아홉으로 말미암아 기뻐하는 것보다 더하리라

6(^_^) 자신을 위한 기도

하나님 아버지!
기도하는 사람이 되게 하시되, 진심으로 기도하는 사람이 되도록 도와주세요. 많은 죄를 덮어놓고 좋은 것만 구하는 얌체 같은 기도자가 아니라, 먼저 자신의 죄를 낱낱이 고백하며 눈물로 회개하는 기도자가 되게 도와주세요. 제 자신의 마음을 찢는 기도를 통해서, 하나님의 마음으로 거듭나는 복된 기도자가 되게 도와주세요. 예수님 이름으로 기도합니다. - 아멘.

절대믿음9 하박국의 절대믿음

성경말씀 하박국 3 : 17

비록 무화과나무가 무성하지 못하며, 포도나무에 열매가 없으며, 감람나무에 소출이 없으며, 밭에 먹을 것이 없으며, 우리에 양이 없으며, 외양간에 소가 없을지라도, 나는 여호와로 말미암아 즐거워하며 나의 구원의 하나님으로 말미암아 기뻐하리로다.

사람의 냄새 조건을 보는 사람들

재력이 있는 집안에, 자신도 사업에 성공하여 회사를 운영하고 있는 남자가 결혼할 여자를 고르기 위해서 100번 이상 선을 보았다고 합니다. 그런데 자신에 대한 정보를 알려주고 만난 여자들과 일체 정보를 주지 않고 선을 본 여자들의 반응이 전혀 달랐다고 합니다. 재력 있는 집안에 성공한 남자로 알고 만나는 여자들은 한결같이 남자에게 호감을 표현했습니다. 반대로 집안이 어떤지도 남자의 재력이 있는지 없는지도 모르고 만나는 여자들은 한결같이 남자에게 비호감을 드러냈습니다.

몇 번 이런 일이 반복되자, 남자는 여자들의 인격을 의심하게 되었다고 합니다. 그러면서 여자들을 시험하기 위해서 100번 이상 선을 보았다고 합니다. 절반정도는 있는 집안의 성공한 남자라는 정보를 미리 알려주고 여자를 만났고, 절반정도는 자신에 대한 정보를 전혀 알려주지 말라고 하고 여자들을 만났습니다. 그리고 여자를 만나러 갈 때는 정장을 하지 않고 수수한 옷차림으로 나갔습니다. 그리고 선을 보는 장소도 소박한 레스토랑으로 정해서 만났습니다. 식사를 할 때는 값싼 음식점을 찾았습니다.

이 남자가 돈 있는 집안에 자기 회사도 있는 성공한 남자라는 사실을 알고 있는 여자들은 소박한 레스토랑의 분위기에도 불평하지 않고 도리어 "옛스럽다" "고상하다"라고 하며 칭찬을 했습니다. 값싼 음식점에를 데려가도 "검소하다"고 칭찬을 했습니다. 그러면서 만나는 내내 즐거워했습니다. 반대로 남자에 대한 정보가 없이 만난 여자들은 모두 이런 남자의 취향에 언짢은 표정을 지었습니다. 여자들은 떨떠름한 표정을 지었고, 대놓고 불평을 하거나, 거절하는 여자들이 많았다고 합니다.

그러면서 자신을 '사람'으로서 좋아할 여자를 배우자로 선택하기 위해서 여자들을 계속 만나게 되었는데, 100번을 넘게 선을 보고 있지만, 이제는 참된 배우자로서의 여자를 기대하기 어렵게 되었다고 합니다. 너무 '사람'을 보지 않고 '조건'만 보는 여자들에게 실망했기 때문이라고 합니다.

-_-a 나는요, 이렇게 생각해요!

결혼을 하는데 조건을 전혀 따지지 않는 사람이 많지는 않을 것입니다. 어쩌면 결혼을 하는데 조건 같은 것은 전혀 보지 말라고 말 할 수도 없을 것입니다. 문제는 사람은 보지 않고 너무 조건만 따지는 것입니다. 세상은 조건을 내세우고 거래를 하는 것이 너무 많습니다. 그러다보니 하나님을 믿는데도 조건을 거는 사람들이 있습니다.

하나님이 복을 받게 해주면 믿고, 믿는데도 복을 못 받으면 믿지 않겠다는 사람이 있습니다. 그런데 이렇게 하나님을 믿는데 조건을 거는 사람들은 오래 믿을 가능성이 많지 않습니다. 왜냐하면 자기가 원하는 것이 이루어지지 않으면 계속 믿을 이유가 없는 것이고, 원하는 것이 이루어지면 이미 이루어졌기 때문에 계속 믿을 이유가 없기 때문입니다.

조건을 거는 사람들은 하나님을 믿지 않을 이유들이 많습니다. 하박국 선지자의 표현을 빌리면 "무화과나무가 무성하지 못하기 때문에, 포도나무에 열매가 없기 때문에, 감람나무에 소출이 없기 때문에, 밭에 먹을 것이 없기 때문에, 우리에 양이 없기 때문에, 외양간에 소가 없기 때문에" 하나님을 믿지 못하게 됩니다.

깨닫기 전의 하박국 선지자도 그런 조건적인 믿음을 가지고 있었습니다. 그는 악인이 형통하기 때문에, 악인이 번성하고 망하지 않기 때문에, 의인이 가난하고 핍박을 받기 때문에 하나님을 제대로 믿지 못했습니다. 그러나 세상에서 잘살고 못사는 것은 잠시 꾼 꿈과 같을 뿐이라는 사실을 깨닫게 되고 나서는 하나님 한 분 만으로 만족할 수 있게 되었습니다. 모든 조건을 버리고 순수하고 절대적인 믿음을 가질 수 있게 되었습니다. 과일농사를 망쳐도, 밭농사를 망쳐도, 가축농사가 망해도 하나님을 믿을 수 있고, 하나님만으로도 즐거워하고 기뻐할 수 있게 되었습니다.

하나님은 하나님이시기 때문에, 그것만으로도 우리가 믿어야 하고 섬겨야 하는 분입니다. 하나님은 창조주이시기 때문에, 섭리자이시기 때문에, 나의 생명을 주신 분이요 나의 운명을 쥐고 계신 절대 신이시기 때문에 믿을 수밖에 없는 신앙이 절대믿음입니다.

당신의 믿음은 조건이 있는 믿음은 아닌가요? 하박국 같이 아무것도 없어도 오직 하나님 한 분 만으로 즐거워하고 기뻐할 수 있는 믿음의 경지, 절대믿음의 경지에 오르십시오.

~(~'_') 주님! 저도 이렇게 살도록 노력할게요.

:─) 마음에 새기는 말씀

고린도전서 1 : 26~28 / 조건 없이 우리를 택해주신 하나님

형제들아 너희를 부르심을 보라. 육체를 따라 지혜로운 자가 많지 아니하며 능한 자가 많지 아니하며 문벌 좋은 자가 많지 아니하도다. 그러나 하나님께서 세상의 ▨▨▨ 것들을 택하사 지혜 있는 자들을 부끄럽게 하려 하시고, 세상의 ▨▨ 것들을 택하사 강한 것들을 부끄럽게 하려 하시며, 하나님께서 세상의 ▨▨ 것들과 ▨▨ ▨▨ 것들과 없는 것들을 택하사 있는 것들을 폐하려 하시나니, 이는 아무 육체도 하나님 앞에서 자랑하지 못하게 하려 하심이라.

출애굽기 17 : 3~4 / 불편하면 하나님을 원망하는 이스라엘

거기서 백성이 ▨▨ ▨▨ 물을 찾으매 그들이 모세에게 대하여 ▨▨ 하여 이르되 "당신이 어찌하여 우리를 애굽에서 인도해 내어서 우리와 우리 자녀와 우리 가축이 목말라 죽게 하느냐?" 모세가 여호와에 부르짖어 이르되 "내가 이 백성에게 어떻게 하리이까? 그들이 조금 있으면 내게 돌을 던지겠나이다."

다니엘 3 : 17~18 / 내 생각대로 해주지 않아도 하나님은 하나님

왕이여, 우리가 섬기는 하나님이 계시다면 우리를 맹렬히 타는 ▨▨▨ 가운데에서 능히 건져내시겠고 ▨▨▨ 에서도 건져내시리이다. 그렇게 하지 ▨▨▨▨▨▨ 왕이여 우리가 왕의 신들을 섬기지도 아니하고 왕이 세우신 금 신상에게 절하지도 아니할 줄을 아옵소서.

6(^_^) 자신을 위한 기도

하나님 아버지!

세상을 살아감에 있어서 조건만 따지는 사람이 되지 않게 도와주세요. 하나님을 믿는 데 있어서도 조건 때문에 믿는 사람이 되지 않게 해주세요. 저도 '무화과나무에 열매'가 없는 것보다는 많이 있는 것이 더 좋다고 생각하는 사람이지만, '무화과열매'가 있는지 없든지 하나님으로 즐거워하고 기뻐할 수 있는 사람이 되게 도와주세요. 예수님 이름으로 기도합니다. – 아멘.

♪♪ 성경말씀 에스라 7 : 6, 10

이 에스라가 바벨론에서 올라왔으니 그는 이스라엘의 하나님 여호와께서 주신 모세의 율법에 익숙한 학자로서, 그의 하나님 여호와의 도우심을 입음으로 왕에게 구하는 것은 다 받는 자이더니, ……에스라가 여호와의 율법을 연구하여, 준행하며, 율례와 규례를 이스라엘에게 가르치기로 결심하였었더라.

ː﹍ 사람의 냄새 새해 새결심, 하나 안하나 마찬가지?

사람들은 살아가면서 수많은 결심들을 합니다. 그러나 결심을 실천하는데 성공한 사람은 많지 않습니다. 새해가 되면 많은 사람들이 새로운 결심들을 합니다. 대표적인 결심은 다이어트, 운동, 금연에 관한 것이지만 가장 많은 사람들이 실천에 실패하는 것이기도 합니다.

다이어트 결심을 포기하는 데까지는 그리 오래 걸리지 않습니다. 10대는 1주일 만에, 결혼한 남성들은 3주일 만에, 노인들은 3.5주일 만에, 결혼한 여성들은 5주일 만에 포기합니다. 독신자들은 가장 오래 다이어트 결심을 실천에 옮기지만 8주일을 넘기지 않습니다. 결국 다이어트 결심은 두 달 안에 대부분 실패하고 맙니다.

운동 결심은, 결혼한 남성은 2주 안에, 결혼한 여성은 11주 안에, 십대들은 13주 안에 포기합니다. 운동 결심을 가장 오래 실천하는 사람들도 역시 독신자들인데, 그들도 대부분 15주 이상 실천하지는 못합니다.

금연 결심도 그리 오래가지 않습니다. 독신자들은 1주일 안에 포기하고, 결혼한 남성들은 6주, 노인들은 9주 안에 포기합니다. 결혼한 여성들이 가장 오래 실천하지만 10주 이상 성공하지 못합니다.

결심을 하지만 실천하지 못하는 것은 우리나라 사람들만의 문제는 아닙니다. 전

세계 사람들 대부분이 결심하고 포기하기를 반복하고 있습니다. 세상 사람들의 50%는 해마다 새로운 결심을 하고, 30%는 가끔 결심을 합니다. 20%의 사람들은 새해가 되어도 새로운 결심을 하지 않습니다. 그러나 새해가 되었다고 새로운 결심을 하는 것이나, 새해가 되었어도 결심을 하지 않는 것이나 결과는 별로 다르지 않습니다. 결심하고도 끝까지 실천하지 못하기 때문입니다.

결심하는 것은 중요합니다. 그러나 결심을 하는 것보다 실천하는 것이 더 중요합니다. 많은 결심을 하는 것 것보다 실천에 성공하는 한 가지 결심이 인생에 결정적인 영향을 끼치게 됩니다.

-_-α 나는요, 이렇게 생각해요!

:-O 예수의 향기 위대한 결심을 가능하게 하는 절대믿음

사람들은 한편으로는 많은 결심을 하고, 한편으로는 그 결심들을 매 순간 포기하며 살아갑니다. 결심하는 것도 쉬운 일은 아니지만, '작심삼일'이라는 말이 있는 것처럼. 결심한 것을 실천하는 것은 참으로 어려운 일입니다.

주디스 라이트(자기계발 컨설턴트, 라이프 코치)는 『단 하나의 결심』에서 사람을 두 종류의 사람으로 나누었습니다. 하나는 '단 하나의 결심'을 가진 사람이고, 다른 하나는 '단 하나의 결심'을 갖지 못한 사람입니다. 그리고 '단 하나의 결심'을 가진 사람만이 인생의 승리자가 된다고 말했습니다.

예를 들면, 금주, 금연, 다이어트, 운동 등 여러 가지 결심을 하는 사람은 실패할 확률이 많다고 합니다. 반면에 "건강한 몸과 마음으로 죽는 날까지 활력에 넘치는 인생을 살겠다"는 '단 하나의 결심'을 굳게 가진 사람이 인생에서도 성공할 가능성이 많다는 것입니다. 왜냐하면 하나의 결심에 금주, 금연, 다이어트, 운동에 대한 요인들이 다 포함되어 있어서, '건강한 삶'을 위한 생활을 실천하다보면 건강한 몸뿐만 아니라 경제적 성공까지 얻게 된다는 것입니다. 그래서 어떤 상황에서도 결코 바뀌지 않고 흔들리지 않는 '단 하나의 결심'을 가진 사람이 되면 평범한 삶에서 놀라운 삶으로 나아갈 수 있다고 합니다.

많은 사람들에게 존경을 받는 미국 대통령이었던 아브라함 링컨, 세계 최고의 토크쇼를 진행하는 오프라 윈프리, 비폭력 평화운동을 통해 인도의 독립을 실현시킨 마하트마 간디. 보지도 듣지도 말하지도 못하는 삼중고를 딛고 인간 승리를 구현한 헬렌 켈러, 이들이 인생의 승리를 얻은 것은 많은 것을 결심하고 이루어서가 아니라, '단 하나의 결심'을 따라 충만한 삶을 살았기 때문입니다.

에스라는 '모세의 율법에 익숙한' 사람이었습니다. 그는 온 이스라엘을 여호와 신앙공동체로 회복시킬 것을 결심했습니다. 이것은 에스라의 일생일대의 목표가 되는 아주 중요한 '단 하나의 결심'이 되었습니다. 이 결심을 실천하기 위해서 여호와의 율법을 연구하여 자기부터 지킬 것을 결심하고, 율법에 있는 모든 것들을 이스라엘 백성들에게 가르칠 것을 결심합니다. 그런데 이 결심을 실천하기 위해서는 여호와의 성전이 있는 예루살렘으로 돌아가야 합니다. 예루살렘은 포로귀환한 사람들이 막 재건하던 때라서 모든 것이 불안정하고 어려운 시기였습니다. 그러나 에스라의 한 가지 결심은 그로 하여금 예루살렘으로 돌아가게 했고, 예루살렘에서 이스라엘을 여호와신앙공동체로 세우는 삶을 살게 하였습니다. 에스라는 큰 결심 하나를 실천하는 삶을 살았고, 그것이 에스라의 인생을 성공적이게 이끌어주었습니다.

당신은 많은 결심을 하는 사람인가요, 아니면 당신의 인생을 관통하는 아주 중요한 '단 하나의 결심'을 가지고 있는 사람인가요? 어떤 환경에서도 흔들리지 않는 중요한 하나의 결심을 실천하며 살 수 있기를 바랍니다.

~(~' _') 주님! 저도 이렇게 살도록 노력할게요.

에스더 4 : 15~16 / 죽음을 각오한 결심

에스더가 모르드개에게 회답하여 이르되 "당신은 가서 수산에 있는 유다인을 다 모으고 나를 위하여 금식하되 밤낮 삼 일을 먹지도 말고 마시지도 마소서. 나도 나의 시녀와 더불어 이렇게 금식한 후에 규례를 어기고 왕에게 나아가리니, ▨▨으면 ▨▨▨이다." 하니라.

다니엘 1 : 8~9 / 믿음을 지키기 위한 결심

다니엘은 뜻을 정하여 '왕의 음식과 그가 마시는 포도주로 자기를 ▨▨▨▨▨ 아니하리라' 하고, 자기를 더럽히지 아니하도록 환관장에게 구하니, 하나님이 다니엘로 하여금 환관장에게 ▨▨와 ▨▨을 얻게 하신지라

룻기 1 : 16~18 / 하나님의 백성으로 살려는 룻의 결심

룻이 이르되 "내게 어머니를 떠나며 어머니를 따르지 말고 돌아가라 강권하지 마옵소서. 어머니께서 가시는 곳에 나도 가고, 어머니께서 머무시는 곳에서 나도 머물겠나이다. 어머니의 백성이 나의 백성이 되고, 어머니의 ▨▨▨▨이 나의 ▨▨▨이 되시리니, 어머니께서 죽으시는 곳에서 나도 죽어 거기 묻힐 것이라 만일 내가 죽는 일 외에 어머니를 떠나면 여호와께서 내게 벌을 내리시고 더 내리시기를 원하나이다." 하는지라, 나오미가 룻이 자기와 함께 가기로 굳게 ▨▨▨▨을 보고 그에게 말하기를 그치니라.

6(^_^) 자신을 위한 기도

결심하게 하시며 우리의 의지를 굳게 해주시는 하나님!
저는 지금까지 많은 결심을 했다가 포기하기를 반복하는 삶을 살아왔습니다. 이것이 제 인생을 걸 수 있는 크고 중요하고 결코 포기할 수 없는 '단 하나의 결심'이 없었기 때문인 것 같습니다. 이제 저도 정말 큰 결심을 할 수 있게 도와주시고, 그 결심을 이루어 승리하는 인생을 살게 도와주세요. 예수님 이름으로 기도합니다. – 아멘.

∿∿ 성경말씀 마태복음 8 : 8~9

백부장이 대답하여 이르되 "주여! 내 집에 들어오심을 나는 감당하지 못하겠사오니 다만 말씀으로만 하옵소서. 그러면 내 하인이 낫겠사옵나이다. 나도 남의 수하에 있는 사람이요 내 아래에도 군사가 있으니, 이더러 '가라' 하면 가고 저더러 '오라' 하면 오고, 내 종더러 '이것을 하라' 하면 하나이다."

:-I 사람의 냄새 초등학생이 발견한 수학공식

독일의 한 초등학교 교실. 선생님이 10살짜리 학생들에게 수학을 가르치고 있었습니다. 학생들이 집중을 하지 않고 자꾸만 소란스럽게 떠들어댑니다. 선생님이 '조용히 하라'는 말에도 아이들은 말을 듣지 않습니다. 선생님은 한동안 아이들이 조용히 할 수밖에 없는 방법을 생각해냈습니다. 그것은 학생들에게 시간이 많이 걸리는 수학문제를 내주고 풀게 하는 방법이었습니다. 선생님은 '1'에서 '100'까지의 모든 수를 더해서 합을 구하라고 지시를 했습니다. 선생님의 기대대로 아이들은 100개의 수를 더하느라 낑낑대기 시작했습니다. 그런데 몇 분도 지나지 않았는데 한 아이가 떠들기 시작했습니다. 선생님은 그 아이가 문제를 다 풀지도 않고 떠들고 있다고 생각했습니다. 그래서 대답을 하지 못하면 혼내줄 생각으로 답이 무엇인지를 물었습니다. 그랬더니 학생은 "1에서 100까지 모두 더하면 5,050입니다" 라고 정확하게 대답을 하는 것이었습니다. 선생님은 깜짝 놀랐습니다. 그리고 어떻게 답을 구했는지를 물었습니다. 개구쟁이 아이는 이렇게 설명했습니다.

"1에서 100까지의 모든 수를 하나씩 하나씩 100번을 더할 필요가 없습니다. 윗줄에는 1부터 100까지 써놓고, 아랫줄에는 거꾸로 100부터 1까지를 써놓습니다. 그리고 윗줄의 수와 아랫줄의 수를 더하면 1+100도 101이 되고, 2+99도 101이 되는 것처럼 100개의 101이 되어 10,100이 됩니다. 그런데 1부터 100까지 두 번을 더한 것이므로 나누기 2를 해야 하는데, 그러면 5,050이 됩니다."

이 어린이는 〈101×100÷2=5050〉이라는 간단한 방식으로 손쉽게 답을 구했던 것입니다. 이 열 살짜리 어린이가 등차급수의 합의 공식을 발견한 순간이고, 이 어린이의 이름은 인류 역사상 가장 위대한 수학자 중의 한 사람인 가우스입니다.

선생님은 가우스의 학문적인 재능을 알아보고, 가난한 집안의 아들인 가우스가 계속 공부를 할 수 있도록 페르디난드 공작에게 추천을 해주었고, 그 덕분에 공부를 계속할 수 있었습니다. 가우스는 대수학, 기하학, 등차수열의 적용 등에 탁월한 업적을 남겼습니다. 가우스는 당대 최고의 물리학자이기도 했습니다. 그는 천체역학, 전자기학, 중력론, 측지학의 대가가 되었습니다.

-_-a 나는요, 이렇게 생각해요!

공식만 외운다고 수학문제를 풀 수 있는 것은 아닙니다. 공식을 문제에 적용할 줄 알아야 수학문제를 풀 수 있습니다. 운전면허증을 가지고 있지만 운전을 잘 못하는 사람이 있고, 운전면허증을 갖지 않고 있어도 자동차운전을 능숙하게 할 수 있는 사람도 있습니다. 마찬가지로 성경에 대한 지식이 많은 것과 믿음이 좋은 것과는 별개의 문제입니다. 성경 지식이 많은데도 믿음의 능력이 없는 사람은, 공식만 많이 외우고 수학문제를 풀지 못하는 사람, 또는 자동차운전면허증을 따놓고도 운전을 하지 못하는 사람과 같습니다. 반면에 성경에 대한 지식이 없어도 자기의 삶을 예수님과 연관시켜 적용할 수 있는 사람은 좋은 믿음의 사람이 될 수 있습니다. 백부장이 바로 그런 사람이었습니다.

한 백부장이 예수님을 찾아와서 자기 하인이 중풍으로 몹시 괴로워하고 있다고 말했습니다. 그러니까 고쳐달라는 것이지요. 예수님께서는 기꺼이 그 백부장의 집으로 가서 고쳐주겠다고 하셨습니다. 그러자 백부장은 "다만 말씀으로만 하옵소서. 그러면 내 하인이 낫겠사옵나이다."라고 말했습니다. 그는 예수님이 직접 가지 않고 말씀만으로도 고칠 수 있다는 것을 믿었습니다. 예수님께서는 "이스라엘 중 아무에게서도 이만한 믿음을 보지 못하였노라."고 크게 칭찬하시면서, "가라! 네 믿음대로 될지어다."라고 하셨습니다.

이제 하인의 낫고 못 낫고는 백부장의 믿음에 달려있습니다. 그런데 바로 그 시간에 집에 있던 하인의 중풍이 깨끗이 나았습니다. 백부장의 믿음대로 된 것이고, 백부장의 믿음이 증명된 것입니다.

예수님께 '이만한 믿음'이라고 칭찬받았던 큰 믿음. 이스라엘 모두 중에서 최고라고 평가받은 믿음. 백부장은 어떻게 그런 큰 믿음을 가질 수 있었던 것일까요? 그는 말씀에 조예도 없었고, 그리스도에 대한 신학적 통찰도 없었고, 예수님의 열성적인 추종자도 아니었습니다. 그는 로마군의 대대장급 장교였을 뿐입니다. 자기 명령을 따르는 부하들도 있고, 자기도 상급자의 명령을 따르는 부하이기도 합니다. '가라면 가고, 오라면 오는' 자기의 군인으로서의 경험을 예수님께 적용했을 뿐인데, 그것이 큰 믿음으로 평가받은 것입니다.

당신은 성경 지식으로 믿음을 강화하려고 하나요? 오래 기도하는 것으로 믿음을 키우려고 하나요? 물론 그것들도 유용한 수단이기는 합니다. 그러나 당신의 삶의 경험을 말씀과 예수님에게 적용할 수 있을 때 정말로 강하고 큰 믿음의 소유자가 될 수 있을 것입니다.

~(~'_') 주님! 저도 이렇게 살도록 노력할게요.

욥기 1 : 8 / 하나님께 칭찬받는 사람이 되자

여호와께서 사탄에게 이르시되 "네가 내 종 ▢▢을 주의하여 보았느냐? 그와 같이 ▢▢▢ 하고 ▢▢▢하여 하나님을 ▢▢▢하며 악에서 떠난 자는 세상에 없느니라."

마태복음 8 : 10 / 믿음으로 칭찬받는 백부장

예수께서 들으시고 놀랍게 여겨 따르는 자들에게 이르시되 "내가 진실로 너희에게 이르노니 ▢▢▢▢▢ 중 아무에게서도 이만한 ▢▢▢을 보지 못하였노라."

마태복음 15 : 28 / 큰 믿음으로 소원을 이룬 가나안 여인

이에 예수께서 대답하여 이르시되 "여자여, 네 ▢▢▢이 크도다, 네 ▢▢▢대로 되리라." 하시니 그 때로부터 그의 딸이 나으니라.

6(^_^) 자신을 위한 기도

우리의 믿음대로 능력을 주시는 주님!

자신의 지식에 믿음을 결부시키면 그것이 큰 믿음이 되고, 자신의 경험을 주님께 적용시키면 주님도 놀랄 만큼 훌륭한 믿음의 사람이 될 수 있음을 깨달았습니다. 저도 성경에 대한 지식이나 기도의 시간으로 믿음을 키우려고 인위적으로 애쓰기보다는 내 삶과 경험을 주님께 결부시켜 믿어버리는 사람이 되게 해주세요. 예수님 이름으로 기도합니다. – 아멘

혈루증 여인의 절대믿음

성경말씀 누가복음 8 : 43~46

이에 열두 해를 혈루증으로 앓는 중에 아무에게도 고침을 받지 못하던 여자가 예수의 뒤로 와서 그 옷 가에 손을 대니 혈루증이 즉시 그쳤더라. 예수께서 이르시되 "내게 손을 댄 자가 누구냐?"… 하시니 … " 이는 내게서 능력이 나간 줄 앎이로다." 하신대

사람의 냄새 서로의 생명에 유익한 만남

영국의 한 농촌, 농부가 밭에서 일을 하고 있을 때 "사람 살려~!"라는 비명소리가 들려왔습니다. 농부는 소리가 들리는 호수가로 뛰어갔습니다. 한 아이가 물에 빠져 허우적거리고 있었습니다. 농부는 물에 뛰어들어 아이를 건져주었습니다. 아이는 친척집을 방문하러 왔던 중 혼자 산책을 나왔다가 실족하여 호수에 빠지게 되었던 것입니다.

다음날, 멋진 차가 농부의 초라한 집 앞에 섰습니다. 그리고 한 노신사가 어제의 아이와 함께 차에서 내렸습니다. 노신사는 아이의 할아버지로 부유한 명문가의 귀족이었습니다. 노신사는 자기 손자의 생명을 살려준 은혜에 대하여 사례를 하겠다며 많은 돈을 주려고 했습니다. 농부는 당연히 할 일을 했을 뿐이라며 한사코 돈을 받지 않았습니다. 그때 노신사의 눈에 농부의 옆에서 이 모습을 지켜보고 있던 농부의 아들이 보였습니다.

노신사는 농부에게 아들에 대해서 물었습니다. 농부는 자기 아들이 총명하기는 한데 형편이 어려워서 제대로 교육을 시키지 못하고 있다고 했습니다. 노신사는 아이에게 꿈이 무엇인지를 물었습니다. 아이는 의사가 되고 싶다고 했습니다. 어떻게 하든지 은혜를 갚고 싶은 노신사는 아이를 데려다 키우면서 학교를 보내며 교육을 시켜주었습니다. 그렇게 만나고 한 집에서 살게 된 두 아이, 농부의 아들은 플레밍이고 노신사의 손자는 처칠이었습니다.

플레밍은 처칠 가문의 후원을 받아 교육을 받았습니다. 그리고 어릴 때의 꿈처럼 의사가 되었습니다. 그리고 페니실린을 발견했습니다. 페니실린은 당시에는 수많은 사람의 생명을 살려주는 기적의 신약이었습니다. 특히 제2차 세계대전 때 많은 사람들의 생명을 구해주었습니다. 1940년 5월, 중동지역을 순방 중이던 처칠이 폐렴에 걸려 사경을 헤매게 되었습니다. 이때 플레밍은 처칠에게 달려가서 처칠을 치료하여 생명을 구해주었습니다. 윈스턴 가문은 가난한 농부의 아들을 후원해준 덕분에 가문이 배출한 위대한 정치가의 생명을 구할 수 있었던 것입니다.

플레밍은 노벨의학상을 받는 위대한 의사가 되었고, 처칠은 위대한 정치가가 되었습니다. 플레밍과 처칠의 만남은 자신들의 생명만이 아니라 세상의 많은 사람들의 생명을 살리는 만남이 되었습니다.

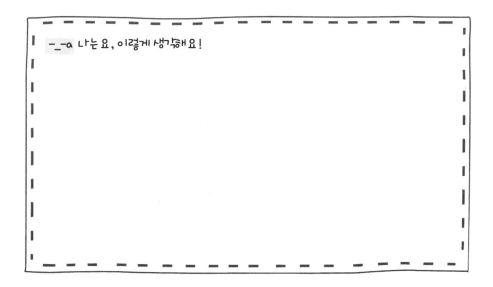

-_-α 나는요, 이렇게 생각해요!

예수님을 만난 사람들은 많습니다. 예수님의 말씀을 들은 사람들, 예수님의 가르침을 직접 들은 사람들, 예수님과 한 집에 있던 사람들, 예수님과 한 상에서 식사를 했던 사람들, 예수님의 손이 닿았던 사람도 있습니다. 그 많은 사람들 중에 어떤 사람은 병이 나았고, 어떤 사람은 진리를 깨달았고, 어떤 사람은 구원을 얻었습니다. 그러나 예수님을 만났지만 아무런 유익도 얻지 못한 사람들도 있습니다.

예수님이 가는 곳마다 군중들이 모여들어서 예수님의 몸에 부딪히고 옷에 닿았던 사람들은 셀 수도 없이 많았습니다. 12년 동안 혈루증을 앓던 여인도 그렇게 군중들 틈에서 아무도 모르게 그냥 예수님의 옷만 만지려고 했습니다. 예수님의 옷만 만지면 자기의 병이 나을 것 같은 생각이 들었습니다. 그래서 살짝 옷을 만지고 병고침을 받고 물러나려고 했습니다. 여인의 생각대로 예수님의 옷을 만지는 것은 어렵지 않았습니다. 그리고 그녀가 믿었던 대로 그녀의 몸이 고쳐지는 것이 느껴졌습니다. 그녀는 목적을 이루었습니다. 이제 조용히 물러나면 됩니다. 그런데 예수님께서는 그녀를 그렇게 돌아가게 하고 싶지 않았습니다. 예수님은 "누가 내 몸에 손을 댔느냐?"는 질문으로 그녀를 불러 세웠습니다.

예수님께서는 그녀의 마음을 잘 아셨을 텐데 왜 굳이 불러 세우셨을까요? 예수님은 그녀와의 만남을 소중하게 생각하셨습니다. 그래서 그녀를 그냥 보내고 싶지 않았습니다. 혈루증이 나은 것보다 더 귀한 것을 주고 싶었습니다. 예수님은 그녀에게 생명의 관계를 맺어주고 싶으셨습니다. 그래서 그녀를 군중들 앞에 드러나게 하셨고, 그녀의 믿음을 칭찬하시고, 평안한 마음으로 돌아갈 수 있게 해주셨습니다. 몸 뿐 만 아니라 마음도 영혼도 구원을 얻도록 배려해주신 것입니다. 믿음을 가지고 예수님을 만난 사람들은 예수님과 생명의 관계를 맺을 수 있었습니다.

당신은 사람들과 어떤 관계를 맺고 있나요? 서로의 생명에 도움이 되는 관계가 되게 하기 위해서 노력하시나요? 예수님과는 어떤 관계를 맺고 있나요? 예수님의 능력을 받으며 구원받은 평안한 삶을 살고 있나요?

~(~' _ ') 주님! 저도 이렇게 살도록 노력할게요.

:-) 마음에 새기는 말씀

요한복음 6 : 66~69 / 제자가 된 후에도 예수님을 떠난 사람

그 때부터 그의 ▢▢ 중에서 많은 사람이 ▢▢▢▢ 다시 그와 함께 다니지 아니하더라. 예수께서 열두 제자에게 이르시되 "너희도 가려느냐?"시몬 베드로가 대답하되 "주여, ▢▢▢▢ ▢▢이 주께 있사오니 우리가 누구에게로 가오리이까? 우리가 주는 하나님의 거룩하신 자이신 줄 믿고 알았사옵나이다."

마가복음 10 : 48~52 / 예수님을 만나러 가야 하는 이유

많은 사람이 꾸짖어 잠잠하라 하되 그가 더욱 소리 질러 이르되 "다윗의 자손이여 나를 불쌍히 여기소서." 하는지라.…… 예수께서 말씀하여 이르시되 "네게 무엇을 하여 주기를 원하느냐?" 맹인이 이르되 "선생님이여, ▢▢▢ 원하나이다. 예수께서 이르시되 "가라, 네 ▢▢이 너를 ▢▢하였느니라." 하시니 그가 곧 보게 되어 예수를 길에서 따르니라.

마태복음 19 : 21~23 / 재물 때문에 예수님과의 만남이 무의미해진 부자청년

예수께서 이르시되 "네가 온전하고자 할진대 가서 네 소유를 팔아 가난한 자들에게 주라. 그리하면 하늘에서 보화가 네게 있으리라. 그리고 와서 나를 따르라." 하시니, 그 청년이 ▢▢이 많으므로 이 말씀을 듣고 ▢▢하며 가니라. 예수께서 제자들에게 이르시되 "내가 진실로 너희에게 이르노니 ▢▢는 천국에 들어가기가 어려우니라."

6(^_^) 자신을 위한 기도

나와의 만남과 관계를 소중하게 여기시는 주님!
제가 주님과 관계를 맺고 사는 사람이 되게 해주신 것을 감사드립니다. 주님과의 관계를 생명과 구원을 이루는 관계요, 주님의 능력을 받을 수 있는 관계가 될 수 있게 해주세요. 주님을 믿으며 맺은 관계가 무의미하고 능력 없는 것이 되지 않게 도와주세요. 사람들과도 생명에 유익을 주고받는 관계를 맺을 수 있게 하시고, 생명에 해가 되는 관계가 되지 않도록 도와주세요. 예수님 이름으로 기도합니다. – 아멘.

두 렙돈 여인 의 절대믿음

^\^ **성경말씀** 마가복음 12 : 42~44

한 가난한 과부는 와서 두 렙돈 곧 한 고드란트를 넣는지라. 예수께서 제자들을 불러다가 이르시되 "내가 진실로 너희에게 이르노니 이 가난한 과부는 헌금함에 넣는 모든 사람보다 많이 넣었도다. 그들은 다 그 풍족한 중에서 넣었거니와 이 과부는 그 가난한 중에서 자기의 모든 소유 곧 생활비 전부를 넣었느니라." 하시니라.

:ᅴ **사람의 냄새 기독교와개독교**

저는 신랑과 함께 조그마한 사무실 임대해서 인쇄소를 하고 있습니다. 작년에는 아이도 태어나서 생활비 80만원, 사무실 유지비 80만원…. 아끼고 아껴도 매달 고정적으로 백오십만 원정도 들어가는데 수입은 마이너스 달이 더 많습니다. 그리고 주일이면 신랑과 함께 예배에 참석하고 만 원, 이만 원 제 성의껏 헌금을 하고 있습니다. 제가 다니고 있는 교회는 장로교로 올해로 제가 이 교회를 다닌지 1년 되어 갑니다. 저희 신랑은 원래 무교라 올해부터는 주일이면 친구들과 등산을 가고, 저는 두 살도 안 된 아이를 데리고 택시비 왕복 8천원까지 내 가며 예배를 보고 오는데… (설교말씀이 좋아서 멀어도 다니고 있었지만…).

며칠 전 목사님과 전도사님께서 심방을 오셨습니다. 그런데 예배를 드리고 나서는 제가 내는 헌금액수가 적다며 더 내라고 말씀하셨습니다. 참 황당한 소리로 들렸습니다. 제가 낸 헌금은 비록 금액은 작았지만 제 형편에서는 성의껏 한 것이었습니다. 봉투에 담은 만 원, 이만 원은 생활비를 쪼개서 4주에 걸쳐 십일조처럼 내던 돈이었는데…. 그 돈이 적다며 헌금을 더 내라고 하는 목사님…. 이런 분.., 저는 어떻게 해야 할까요?(bestcolor pham********를 ID로 쓰는 분이 포털사이트에 올린 글)

헌금에 대한 교육이 필요한 것은 사실입니다. 여유가 있으면서도 너무 적은 헌금을 하는 성도라면 믿음이 좋다고 할 수 없습니다. 목사님이 공적인 예배에서 전체

성도들을 대상으로 헌금에 대한 성경의 원칙을 설교하는 것은 당연합니다. 성경공부 시간에 헌금에 대한 성경의 원리를 가르치는 것도 당연합니다. 그러나 개인적으로 헌금을 거론하는 것은 몹시 조심스러운 일입니다. 성도들의 생활형편도 모르면서 무조건 더 많은 헌금을 하라고 요구하는 것은 성경적이지 않습니다. 윗글을 쓴 성도가 그것 때문에 믿음의 상처를 입지 않았으면 좋겠습니다.

포털 싸이트에 들어가 보면 기독교를 '개독교'라고 부르고, 목사님을 '먹사'라고 부르는 사람들이 많습니다. 안티 기독교 활동하는 사람들이 사용하는 용어입니다. 이들 중에는 말도 안 되는 이유로 무조건 감정적으로 기독교와 그리스도인을 적대시하는 사람들도 있습니다. 그러나 뭔가 이유가 있어서 기독교에 대해서 싫어진 사람들도 있다는 것을 부정할 수는 없습니다. 우리나라 사람들 모두가 사랑과 존경을 담아 '그리스도인'과 '목사님'으로 부를 수 있기 위해서 우리 모두가 그리스도인으로서의 삶을 제대로 살아야 하겠습니다.

-_-a 나는요, 이렇게 생각해요!

:─○ 예수의 향기 가장 많이 드린 가난한 여인의 믿음

그리스도의 정신을 본받아 살기 위해서는 성경으로 돌아가야 합니다. 중세교회의 부패한 모습을 버리고 성경의 가르침을 제대로 따르는 교회를 세우기 위해서 종교개혁이 일어났던 것을 기억해야 합니다. 종교 개혁자들의 모토는 '성경으로 돌아가자(Back to the Bible)'이었습니다. 우리 개신교회가 따라야 할 모범은 성경입니다. 헌금에 대한 성경의 가르침, 특히 예수님의 가르침을 잘 보여주는 것이 두 렙돈을 헌금한 여인에 대한 이야기입니다.

예수님이 제자들에게 참된 헌금에 대하여 가르치려고 하셨습니다. 예수님은 제자들과 함께 예루살렘성전이 헌금함이 보이는 곳에서 헌금을 넣는 사람들을 지켜보고 계셨습니다. 많은 사람들이 헌금함에 돈을 넣었습니다. 그 중에는 여러 명의 부자들이 헌금을 하기도 했습니다. 부자들은 많은 돈을 헌금함에 넣었습니다. 한 가난한 과부도 헌금함에 돈을 넣었습니다. 이 여인은 두 렙돈(1렙돈은 옛 그리스 화폐로 500원 정도의 가치가 있음), 즉 1,000원 정도를 헌금했습니다.

예수님께서는 제자들에게 저 가난한 과부가 오늘 헌금한 사람들 중에 가장 많은 헌금을 했다고 말씀하셨습니다. 물론 금액으로는 부자들이 더 많이 헌금했지만, 그들은 풍족한 중에서 극히 일부를 드렸을 뿐입니다. 그러나 이 가난한 과부는 두 렙돈이 가지고 있는 돈의 전부였습니다. 그 돈을 헌금함에 넣으면 당장 생활비조차 없는데, 그 돈을 몽땅 헌금했던 것입니다. 이 헌금에는 이 여인의 믿음이 들어 있습니다. 당장의 생활비를 몽땅 하나님께 드리는 것은 자신의 생활과 생명을 하나님께 맡기는 믿음의 행위입니다. 예수님께서는 이 부분을 크게 인정해주시고, 가장 많이 헌금한 것으로 칭찬해주셨습니다.

참된 헌금은 금액이 크고 작은 것으로 결정되지 않습니다. 어떤 사람은 1000만원을 헌금해도 적게 한 것일 수 있고, 어떤 사람은 1만원을 헌금해도 많이 한 것일 수 있습니다. 헌금액수의 많고 적음에 대한 예수님의 판단에는 몇 가지 요소가 함께 고려되어 있습니다. 전체 재산 또는 소득 중에 헌금한 돈이 차지하는 비율의 크고 작음, 헌금을 드리는 마음의 진정성, 헌금하는 행위에 담긴 믿음의 크기 등이 그것입니다. 헌금에 대한 예수님의 판단에는 헌금한 돈의 많고 적음의 절대평가는 들어있지 않았습니다.

바로 이것이 헌금의 크고 작음을 판단하는 교회의 기준이 되어야 합니다. 그리고 교회는 돈이 기준이 되는 많은 헌금을 강조할 것이 아니라 믿음이 담긴 참된 헌금을 가르쳐야 합니다. 믿음이 담긴 모든 헌금은 주님께 칭찬받을 수 있는 헌금입니다.

~(~'_') 주님! 저도 이렇게 살도록 노력할게요.

:-) 마음에 새기는 말씀

디모데전서 6 : 9~10 / 돈을 사랑하는 것이 만악의 근원

부하려 하는 자들은 [　　]과 [　　]와 여러 가지 어리석고 해로운 [　　]에 떨어지나니 곧 사람으로 파멸과 멸망에 빠지게 하는 것이라. [　]을 [　　]함이 일 만 [　]의 뿌리가 되나니, 이것을 탐내는 자들은 미혹을 받아 믿음에서 떠나 많은 근심으로써 자기를 찔렀도다.

고린도후서 8 : 1~5 / 가난 중에서 넘치는 기쁨으로 드린 헌금

형제들아, 하나님께서 마게도냐 교회들에게 주신 은혜를 우리가 너희에게 알리노니, 환난의 많은 시련 가운데서 그들의 넘치는 [　　]과 극심한 가난이 그들의 [　　]한 [　　]를 넘치도록 하게 하였느니라. 내가 증언하노니 그들이 힘대로 할 뿐 아니라 힘에 지나도록 [　　]하여, 이 은혜와 성도 섬기는 일에 참여함에 대하여 우리에게 간절히 구하니, 우리가 바라던 것뿐 아니라 그들이 먼저 자신을 주께 드리고 또 하나님 뜻을 따라 우리에게 주었도다.

고린도후서 9 : 5, 7 / 즐거운 마음으로 드려야 참된 헌금

그러므로 내가 이 형제들로 먼저 너희에게 가서 너희가 전에 약속한 연보를 미리 준비하게 하도록 권면하는 것이 필요한 줄 생각하였노니, 이렇게 준비하여야 [　　　]답고 억지가 아니니라.…… 각각 그 마음에 [　　]대로 할 것이요 [　　　]으로나 [　　　]하지 말지니 하나님은 [　　　　]를 사랑하시느니라.

6(^_^) 자신을 위한 기도

참된 헌금을 기뻐하시는 주님!

주님께서는 500원짜리 동전 두개를 헌금한 여인이 가난한 중에 생활비 전부를 넣는 것을 보시고 부자들의 수백 수천만 원의 헌금보다 더 많이 한 헌금이라고 칭찬하셨습니다. 그런데 많은 교회들이 예수님의 헌금 정신을 잃어버리고 많은 돈을 헌금하는 사람을 우대하고 있는 것 같습니다. 주님, 이런 문제로 한국교회가 참 어렵습니다. 특히 헌금 문제로 시험에 빠지는 성도들도 있고, 교회마저 물질주의에 물들어가는 것을 비판하는 사람들도 있습니다. 헌금 때문에 상처받는 성도가 없도록, 한국교회가 재정 문제로 비판받지 않도록 주님께서 도와주세요. 그러나 무엇보다 제가 주님께 칭찬받는 헌금을 할 수 있는 사람이 되게 해주세요. 예수님 이름으로 기도합니다. – 아멘.

ᄭᄉ 성경말씀 요한복음 20 : 24~25

열두 제자 중의 하나로서 디두모라 불리는 도마는 예수께서 오셨을 때에 함께 있지 아니한지라. 다른 제자들이 그에게 이르되 "우리가 주를 보았노라." 하니 도마가 이르되 "내가 그의 손의 못 자국을 보며, 내 손가락을 그 못 자국에 넣으며, 내 손을 그 옆구리에 넣어 보지 않고는 믿지 아니하겠노라." 하니라.

:ᅴ 사람의 냄새 과학적 법칙에 들어 있는 믿음

물을 계속 가열하면 수증기가 됩니다. 이것을 물의 기화(氣化)라고 합니다. 우리가 이 사실을 아는 것은 과학일까요, 믿음일까요? 우리는 별 의심 없이 이 물의 기화현상을 과학적 지식이라고 생각합니다. 그러나 엄밀하게 말하자면 당연한 것으로 받아들여지는 이 지식도 우리의 믿음에 기초하고 있습니다. '물의 가열과 물의 기화 사이에는 원인과 결과의 관계가 있다'는 것을 '아는 것'이라기보다는 그럴 것이라고 '믿는 것'일 수 있다는 것입니다.

우리는 물에 열을 가하는 것과 수증기가 나는 것이 시간적 차이를 가지고 일어나는 별개의 사건인지를 의심할 수 있습니다. 이때 정말로 가열이 원인이 되어 수증기의 결과가 나온다는 것을 논리적으로 증명하기는 어렵습니다. 그래서 물에 열을 가한 후에 수증기가 발생하는 것을 보여주는 실험을 통해서 경험하게 하는 것이 최선의 방법이 됩니다.

실험을 통해서 물이 수증기가 되는 것을 경험했다고 하더라도 문제가 해결되는 것은 아닙니다. 지금까지는 물을 계속 가열하면 수증기가 되었지만, 앞으로도 계속 그렇게 될지를 어떻게 아느냐 하는 것입니다. 1억년이 지나도 그렇게 될지는 그때 가서 봐야 하는데, 1억년 후에 누가 그것을 경험할 수 있겠느냐는 것입니다.

바로 이것이 경험론의 한계입니다. 그리고 경험론에 바탕을 둔 과학의 한계이기도 합니다. 경험론에서는 구조적으로 언제 어디서나 적용되는 '법칙'을 말할 수 없게 되어있습니다. 경험해보아야 알 수 있고, 경험해보지 않은 것은 알 수 없다고 말하기 때문입니다. 아무리 수백 년 수천 년 그렇게 되었다고 해도 다음에도 그렇게 된다는 것은 '알 수 없는 일'이 됩니다. 미래의 것은 아직 경험되지 않은 것이기 때문입니다.

그러므로 "물을 계속 가열하면 수증기가 된다."라는 법칙을 주장하는 과학은, "물을 계속 가열하면 수증기가 되는 현상은 앞으로도 계속 될 것이다."라는 우리의 '믿음'을 담고 있는 것입니다.

-_-a 나는요, 이렇게 생각해요!

:-O 예수의 향기 의심을 벗고 회복한 도마의 믿음

예수님의 제자들은 예수님이 죽는 것을 보았습니다. 제자들은 예수님이 잡히실 때 함께 있었고, 재판을 받고 고난을 받는 것을 멀리 숨어서 지켜보았습니다. 십자가에 달려 돌아가시는 것도, 죽은 상태로 무덤에 넣어지는 것도 보았습니다.

안식일 새벽에 예수님의 무덤에 갔던 마리아는 부활하신 예수님을 만났습니다. 그리고 예수님이 부활하셨다는 사실을 제자들에게 알렸습니다. 베드로와 요한은 무덤으로 달려가서 빈무덤만 보았습니다. 그런데 제자들이 모여 있던 다락방으로 예수님께서 들어오셨습니다. 그리고 부활하신 모습을 보여주셨습니다. 그 자리에 도마는 없었습니다. 도마는 예수님이 부활하셨다는 다른 제자들의 말을 믿을 수가 없었습니다. 자기 눈으로 보지 못했기 때문입니다. 도마는 "내가 그의 손의 못 자국을 보며, 내 손가락을 그 못 자국에 넣으며, 내 손을 그 옆구리에 넣어 보지 않고는 믿지 아니 하겠노라."고 하면서 믿지 않았습니다.

도마는 경험론자였습니다. 철저한 경험론자인 도마는 자기 눈으로 보고, 자기 손가락으로 만져 보지 않고는 예수님의 부활을 인정하지 않겠다고 했습니다. 다른 여러 명의 제자들이 분명히 보았다고 하는데도 믿을 수가 없었습니다.

의심하는 도마, 믿음이 없는 도마를 위해서 예수님께서 도마가 있을 때에 다시 찾아오셨습니다. 예수님은 도마에게 손과 옆구리의 상처에 손을 넣어보라고 하셨습니다. 어떻게 해서라도 믿음 있는 자가 되고, 믿음 없는 자가 되지 말라고 말씀하셨습니다.

도마는 손을 넣어보지는 않았습니다. 예수님을 보고는 예수님의 부활을 믿지 않을 수가 없었던 것입니다. 도마는 보고서야 믿었습니다. 보고 나서라도 믿는 사람이 된 것은 매우 다행한 일입니다. 그러나 예수님께서는 예수님을 보지 않고도 믿는 사람은 복되다고 하셨습니다.

사람들은 때로는 잘못 보기도 하고 착각을 하기도 합니다. 그런데도 늘 자기가 보고 듣는 것을 가장 중요하게 생각합니다. 예수님도 하나님도 자기가 보면 믿겠지만, 보지 못했기 때문에 믿지 않는다고 말합니다. 이것이 경험주의자의 한계이고 불행입니다.

당신은 예수님을 경험하고 믿으려고 하지는 않나요? 경험은 믿음을 만들어주지 못합니다. 경험하지 않고 예수님을 믿는 사람이 더욱 복되다는 말씀을 기억하십시오.

~(~'_') 주님! 저도 이렇게 살도록 노력할게요.

:-) 마음에 새기는 말씀

요한복음 20 : 27~29 / 믿음 없는 자가 되지 말고 믿는 자가 되자

도마에게 이르시되 네 손가락을 이리 내밀어 내 손을 보고 네 손을 내밀어 내 옆구리에 넣어 보라. 그리하여 ▢▢ ▢▢ ▢▢ 가 되지 말고 ▢▢▢ 가 되라. 도마가 대답하여 이르되 "나의 ▢▢ 이시요 나의 ▢▢▢ 이시니이다". 예수께서 이르시되 "너는 나를 본 고로 믿느냐? ▢▢ 하고 믿는 자들은 복되도다." 하시니라.

마태복음 14 : 28~33 / 믿음이 있을 때와 없을 때의 차이

베드로가 대답하여 이르되 "주여, 만일 주님이시거든 나를 명하사 물 위로 오라 하소서." 하니, "오라!" 하시니, 베드로가 배에서 내려 물 위로 걸어서 예수께로 가되, 바람을 보고 무서워 빠져 가는지라 소리 질러 이르되 "주여, 나를 구원하소서!" 하니, 예수께서 즉시 손을 내밀어 그를 붙잡으시며 이르시되 "▢▢ 이 ▢▢▢ 여, 왜 ▢▢ 하였느냐?" 하시고, 배에 함께 오르매 바람이 그치는지라, 배에 있는 사람들이 예수께 절하며 이르되 "진실로 하나님의 아들이로소이다!" 하더라.

마태복음 21 : 21~22 / 믿고 의심하지 않는 기도

예수께서 대답하여 이르시되 "내가 진실로 너희에게 이르노니 만일 너희가 ▢▢ 이 있고 ▢▢▢ 하지 아니하면 이 무화과나무에게 된 이런 일만 할 뿐 아니라 이 산더러 들려 바다에 던져지라 하여도 될 것이요, 너희가 기도할 때에 무엇이든지 ▢▢ 하는 것은 ▢ 받으리라." 하시니라.

6(^_^) 자신을 위한 기도

인간의 경험을 초월하여 존재하시는 하나님!

많은 사람들이 하나님을 보지 못하고 경험하지 못해서 믿지 못한다고 말합니다. 그러나 저는 하나님을 보지 못했지만 하나님을 믿습니다. 보지 못하고도 믿는 자가 되게 해주신 것을 감사드립니다. 저를 더욱 복되게 해주세요. 그리고 하나님을 경험하려고 너무 애쓰지 않게 도와주세요. 하나님을 보고 들으려고 하기보다는 하나님과 더욱 친밀하게 영적으로 교제할 수 있게 도와주세요. 예수님 이름으로 기도합니다. – 아멘.

 십대가 꼭 알아야 할 그리스도인의 **절대믿음**

초판 1쇄 발행일 / 2012년 12월 20일

지 은 이 손승락
발 행 처 도서출판 요셉의 꿈
발 행 인 전미라
편집디자인 박현주

등록번호 제25100−2010−000003호
등록일자 2010년 1월 27일

값 2,800원
ISBN 978−89−936966−7−3

총   판 하늘유통
　　　　　Tel. 031) 974−7777
　　　　　413−853 경기도 파주시 광탄면 분수리 335−3